Corrie ten Boom

Randnotizen aus meinen Tagebüchern

Hänssler-Verlag
Neuhausen-Stuttgart

CIP-Kurztitelaufnahme der Deutschen Bibliothek

Boom, Corrie ten:
Randnotizen aus meinen Tagebüchern / Corrie ten Boom.
[Übers. u. bearb. von Friedhilde Horn]. –
Neuhausen-Stuttgart: Hänssler, 1983.
(Edition C: C; 107: Paperback)
Einheitssacht.: Clippings from my notebook ‹dt.›
ISBN 3-7751-0866-1
NE: Edition C/C
ISBN 3-7751-0866-1

EDITION C-Paperback, C 107

Originaltitel: Clippings from my notebook
Übersetzt und bearbeitet von Friedhilde Horn
Die Bibelstellen sind der Einheitsübersetzung entnommen.

Umschlaggestaltung: Daniel Dolmetsch
Gesamtherstellung: Ebner Ulm

Inhalt

Vorwort

Corrie ten Boom wurde am 15. April 1892 in den Niederlanden geboren. Sie war das jüngste von vier Kindern. Ihre Eltern lebten zunächst in Amsterdam. Corries Vater, Caspar ten Boom, war Uhrmacher. Doch schon bald nach ihrer Geburt zog die Familie nach Haarlem, wo der Vater das elterliche Uhrengeschäft übernahm. Die Güte und Liebe von Vater und Mutter spiegelten die Liebe ihres himmlischen Vaters wider, von der sie selbst lebten. Schon im Alter von fünf Jahren nahm Corrie Jesus Christus als ihren Erlöser und Herrn an. Sie redete ganz zwanglos von ihm und betete während all ihrer Kinderjahre darum, daß alle Menschen in ihrer Nachbarschaft den Weg zu Gott finden möchten.

Das Heim der ten-Boom-Familie lag über dem Uhrengeschäft in der Barteljorisstraat 19, kurz »Beje« genannt. Für jeden stand hier immer die Tür offen, besonders für Menschen in Not. Außer Vater und Mutter mit ihren vier Kindern gehörten noch drei Tanten zur Familie, später dann auch noch eine Reihe von Pflegekindern.

Corrie war die erste Holländerin, die ein Uhrmacherdiplom besaß. Doch sie betonte immer, daß sie es in diesem Fach nie zu besonderer Fertigkeit gebracht hätte, weil ihr ständig andere Dinge durch den Kopf gegangen wären. Da gab es zum Beispiel die verschiedenen Clubs, die sie betreute: Jungen- und Mädchengruppen, einen Kreis für geistig behinderte Kinder und Erwachsene, und eine christliche Pfadfindergruppe für Mädchen, mit Tausenden von Mitgliedern in den Niederlanden, Indonesien und den holländischen Antillen.

1844 hatte sich etwas für die damalige Zeit völlig Ungewöhnliches unter den Vorfahren Corries ereignet: Der Großvater von Caspar ten Boom hatte in der »Beje« einen Gebetskreis für Juden gegründet. Man liebte in dieser Familie die Juden. Als Caspar ten Boom während des Zweiten Weltkrieges in die Affären der Judenverfolgung verwickelt wurde und selbst Betroffene versteckte und ihnen zur Flucht verhalf, äußerte er sich so: »Wenn ich im Gefängnis sterbe, wird es mir eine Ehre sein, mein Leben für das auserwählte Volk Gottes eingesetzt zu haben.« Es kostete ihn tatsächlich das Leben. Warnungen hatte er in den Wind geschlagen. Er und seine Kinder wurden verraten und ins Gefängnis gebracht. Nach zehntägiger Haft starb Caspar ten Boom im Alter von vierundachtzig Jahren. Corrie und ihre Schwester Betsie brachte man in das Konzentrationslager Ravensbrück. Nach vielen Entbehrungen und einem Leben in der »tiefsten Hölle, die Menschen sich ausdenken können«, starb Betsie im Dezember 1944. Bis zuletzt war sie in ihrer Umgebung ein strahlendes Zeugnis der Liebe Gottes. Kurz darauf wurde Corrie infolge eines Schreibfehlers entlassen.

Nach ihrer Befreiung hatte Corrie ten Boom nur noch ein Lebensziel: Sie wollte anderen erzählen, was sie und Betsie in Ravensbrück gelernt hatten, nämlich: Kein Abgrund ist so tief, daß die Liebe Jesu Christi nicht noch tiefer wäre. Dreiunddreißig Jahre reiste Corrie durch die Welt und brachte diese Botschaft in vierundsechzig Länder. Ein wichtiger Bestandteil ihrer Aussagen blieb: Wenn Gott uns unseren Feinden vergeben heißt, gibt er uns auch die Kraft und die Liebe, es zu tun.

Ich traf »Tante Corrie« zum erstenmal, als sie schon über siebzig Jahre alt war. Ich war stark beeindruckt von ihrem Wunsch, Jesus noch besser kennenzulernen und ihm immer mehr zu dienen. Dabei war sie bereit, von alt und jung zu lernen, von den Reichen und den Armen, von den Intellektuellen und den Ungebildeten, den Allerschlichtesten. Bei einer Beerdigung sah ich sie einst ausführliche Notizen machen, während ein junger Geistlicher seine Ansprache hielt. Später wurde ich ihre Mitarbeiterin und reiste eine Weile mit ihr durch die Welt. Immer hatte sie ihr Notizbuch zur Hand. Als sie 1977 ihren Wohnsitz nach Kalifornien verlegte, ließ sie sich vor allem den großen Stapel von Notiz- und Tagebüchern bringen, die sie all die Jahre hindurch begleitet hatten. Wie freute sie sich beim Durchblättern! Über ihre Zeitschrift »Die Zuflucht« gab sie die »Randnotizen ...« bereits an ihre Gebetspartner weiter und veröffentlichte auch einige Fotografien aus dieser Zeit. Diese Aufzeichnungen möchten wir hiermit einer größeren Zahl von Lesern zugänglich machen.

1978 wurde Tante Corries rednerischer und schriftstellerischer

Tätigkeit und ihrem Filmedrehen über Nacht ein Ende gesetzt – ein schwerer Schlaganfall traf sie. Die einst so aktive Frau konnte nun nicht mehr sprechen, lesen oder schreiben. Weitere Schlaganfälle lähmten sie teilweise, und im Alter von fast neunzig Jahren war sie ans Bett gefesselt. Große Schwäche hatte sie erfaßt. Doch noch immer strahlte sie die Liebe, den Frieden und den Sieg ihres Herrn Jesus Christus aus. Ihr fröhliches Gesicht segnete alle, die sie sahen, und machte ihnen Mut. Am 15. April 1983 verstarb Corrie ten Boom. Es war ihr Anliegen, daß der Herr geehrt wird, wenn wir ihre Gedanken und ihr Erleben in Verbindung mit den Bibelstellen, die ihr wichtig wurden, nun veröffentlichen.

Pamela Rosewell
Pflegerin und Mitarbeiterin von Corrie ten Boom

Ein Kind wird sie führen

»... wer das Reich Gottes nicht annimmt wie ein Kind, der wird nicht hineinkommen« (Lk 18,17).

Kinder können eine so fröhliche Ergänzung unserer oft ernsten und freudlosen Welt sein. Sie öffnen uns die Augen für die Wunder der Schöpfung und lassen uns über ungeheuer wichtige Fragen nachdenken, z.B.: »Warum fällt der Mond nicht runter?« Oder: »Warum ist das Gras grün und nicht rot?« So treiben sie uns in die Enge, und ihr Lachen wirft auf manches Leben einen glänzenden Sonnenstrahl.

Auf meinen Reisen haben mich die Kinder oft stark beeindruckt. Wie aufrichtig sind sie doch, und wie offen bringen sie ihre Gefühle zum Ausdruck! Sie schämen sich durchaus nicht, auch einmal ihre Schwäche zuzugeben. Aber oft verteidigen sie auch das, was sie als recht erkannt haben. Dabei kümmern sie sich dann nicht um die Umstände oder die möglichen Folgen ihres Tuns.

Mir fällt dazu die Geschichte einer ostdeutschen Lehrerin ein, die ihrer Klasse erzählt hatte, daß es keinen Gott gebe. Nach dem Unterricht fragte sie die Kinder, wer nun immer noch an Gott glaube. Ein kleines Mädchen meldete sich. Es mußte eine Stunde nachsitzen und sollte in dieser Zeit hundertmal schreiben: »Ich glaube nicht, daß es einen Gott gibt.« Das brachte die Kleine nicht fertig. Sie schrieb deshalb: »Ich glaube, daß es einen Gott gibt.« Die Lehrerin wurde so wütend über sie, daß sie ihr als Hausaufgabe auftrug, noch an demselben Abend tausendmal zu schreiben: »Ich glaube, daß es keinen Gott gibt.« Das Mädchen schrieb nun tausendmal sein persönliches Bekenntnis auf, obwohl es wußte, daß es dafür in der Schule schwer bestraft würde. Dieses Kind glaubte wirklich an Gott und wollte ihn nicht verleugnen – ohne Rücksicht auf die Folgen. Wieviel können wir von ihm lernen!

Kinder besitzen außerdem eine ganz besondere Freiheit im

Umgang mit ihrem himmlischen Vater. Sie kennen die Barrieren nicht, die Erwachsene zwischen sich und ihrem Herrn aufrichten.

Eine Mutter erzählte mir einst von ihrem kleinen Jungen. Sie fand ihn eines Tages in einer Zimmerecke hocken und hörte ihn murmeln: »A-B-C-D-E-F-G . . .«

»Was machst du denn da?« fragte sie ihn.

»Mutti, du hast doch gesagt, daß ich beten soll. Aber ich habe noch nie im Leben gebetet und weiß gar nicht, wie man das macht. So habe ich Gott das Alphabet aufgesagt und ihn gebeten, ein richtiges Gebet daraus zu machen.«

Dieser Junge hatte instinktiv etwas von dem erfaßt, was Paulus in Römer 8,26 schreibt, nämlich daß der Heilige Geist uns beim Beten hilft.

Das ganze Verhältnis zwischen Eltern und Kindern läßt uns – bei einer guten Beziehung – manches für unser geistliches Leben lernen. Meine Geschwister und ich wußten uns von den Eltern geliebt. Sie hatten immer nur unser Bestes im Auge; da gab es überhaupt keinen Zweifel. Sie waren absolut vertrauenswürdig, und wir Kinder fühlten uns zu Hause jederzeit sicher und gut aufgehoben. Diese Liebe unserer Eltern stellte für uns eine großartige Einführung in die Beziehung zu unserem himmlischen Vater dar. Wir sind ja auch seine geliebten Kinder. Seine Liebe zu uns ist so groß, daß wir sie nicht im mindesten verstehen können. Mitten in der Hetze und dem Kleinkram unseres Alltags sollten wir immer daran denken, daß Gottes Liebe uns zu Überwindern machen kann, wenn wir ihn wie ein Kind aufnehmen – mit offenem und vertrauensvollem Herzen.

»Prüfen wir unsere Wege, erforschen wir sie und kehren wir um zum Herrn« (Kla 3,40).

Dreimal hinter Schloß und Riegel

Dreimal im Leben fielen Türen hart hinter mir ins Schloß, aber nach einer Zeit öffneten sie sich wieder. Ich erfuhr, wie man sich hinter diesen Türen fühlt, die nur von außen aufgehen. Das sind schwierige Klassen in der Schule des Lebens. Doch in solchen Phasen lernt man viel, wenn man einen guten Lehrer hat.

Mein Lehrer war der Herr. Er ließ mich in der Praxis lernen, daß ein Abgrund so tief sein kann, wie er will, daß aber für ein Kind Gottes die Arme des Herrn noch tiefer reichen und es selbst darin noch umfangen.

Das erstemal klirrte ein Riegel hinter mir, als ich für etwa vier Monate zur Haft in eine Einzelzelle gebracht wurde. In meinem Buch »Briefe aus dem Gefängnis« kann man nachlesen, wieviel wunderbare Segnungen ich dort erlebte. Die Gemeinschaft mit dem Herrn wurde mir so kostbar, daß ich an Freunde in der Freiheit schrieb: »Bitte macht euch keine Sorgen wegen mir. Es mag zwar manchmal dunkel sein, aber mein Erlöser stellt mir sein Licht bereit, und das ist eine großartige Sache. Ich wundere mich selbst darüber, wie gut ich mich auf das Alleinsein in dieser Gefängniszelle eingestellt habe.«

Meine Schwester Betsie saß in einer anderen Zelle. Sie schrieb: »Dieser Schrecken kommt aus Gottes liebenden Händen, um mich zu reinigen.«

Zum zweitenmal fiel im Konzentrationslager Vught eine Tür hinter Betsie und mir ins Schloß, die uns von einem Leben in der Freiheit trennte. Hier hatte ich eine neue Lektion zu lernen. Von Vught schrieb ich: »Wir sind in Gottes Schule und lernen viel. Doch ständig empfinden wir den Schutz ungewöhnlichster Fürsorge. Wir spüren, daß wir trotz des harten Lebens durchhalten können. Gott kennt unseren Weg. In allem sind wir von seinem Frieden umgeben.«

Zum drittenmal sperrte man uns in Ravensbrück ein, diesem schrecklichen Konzentrationslager nördlich von Berlin. Für Betsie wurde der Weg wieder frei, als der Herr sie heimholte.

Zur himmlischen Ruhe ging sie ein,
um dem Herrn aufs neue zu dienen.
Er führt von gutem Werk zu beßrem Dienste.

Für mich tat sich das Tor in eine weite, weite Welt auf. Ich wurde zum »Landstreicher Gottes« und ging überallhin, wo ich weitersagen konnte, was ich gelernt hatte: Wenn im Leben eines Gotteskindes auch das Schlimmste geschieht, so bleibt ihm doch das Beste erhalten, und das *Allerbeste* kommt erst noch.

Ich habe viele Menschen hinter Gittern gesehen in den über sechzig Ländern, die ich besuchte. Manche saßen hinter dicken Mauern des Hasses. Viele konnten diese Mauern durchbrechen, indem sie sich auf Römer 5,5 beriefen und um Vergebung ihrer eigenen Schuld baten.

Vergebung ist der Schlüssel, der den Riegel des Grolls und die Handschellen des Hasses aufschließt. Sie ist eine Kraft, die die Ketten der Bitterkeit und die Fesseln der Selbstsucht zerreißt. Wen der Herr frei macht, der ist wirklich frei. Das erfuhr ich auch im Leben von Menschen, die an Drogen, Alkohol und Zigaretten gebunden waren.

Unser Ich ist wie eine enge Zwangsjacke. Ich sah manche »anständigen« Sünder, die sich in einer Art geistlichem Gefängnis befanden, weil ihr Ich auf dem Thron des Herzens saß und der Sohn Gottes weiterhin gekreuzigt wurde. Welch eine Befreiung gab das, als Jesus ihr Herz durch sein Blut reinigte! Dann bestieg *er* den Thron darin, und das Ich wanderte ans Kreuz.

Meine lieben Freunde, wenn es noch einen versperrten Raum in Ihrem Leben gibt: Jesus ist bereit, Sie daraus zu befreien.

Die Macht des Gebets

»Werft alle eure Sorge auf ihn, denn er kümmert sich um euch« (1 Petr. 5,7).

Als kleines Mädchen war ich ganz sicher, daß Jesus ein Mitglied unserer Familie war. Ich konnte mit ihm genauso leicht reden wie mit meinem Vater oder meiner Mutter. Die Wahrheit und Wirklichkeit der Gegenwart Jesu war mir viel näher als solchen Menschen, die aus der Gemeinschaft mit dem Herrn eine Frage der Vernunft und des logischen Denkens machen.

Beten ist Freude und Vorrecht aller Kinder Gottes. Ständig steht ihnen dieser Weg offen. Der Herr möchte alles hören, was uns bewegt. Was zu unbedeutend ist, in ein Gebet umgewandelt zu werden, ist auch zu unwichtig, um uns Sorge zu bereiten.

Mein Vater betete, weil Gott ihm ein guter Freund war, der die täglichen Probleme mit ihm teilte. Er betete, wenn ihn irgend etwas bedrückte, weil er eine unmittelbare Verbindung zu seinem Schöpfer hatte. Und er betete außerdem, weil es vieles gab, für das er dankbar war.

Das Gebet sollte ein informatives und sachbezogenes Gespräch mit Gott sein. Und denken Sie daran: Beten ist keine Einbahnstraße! Andernfalls gliche man beim Beten einem Menschen, der ein Haus betritt, eine Frage stellt und dann wieder geht, ohne die Antwort abzuwarten. Beten ist Bittend und Empfangen, Reden und Hören. Das braucht natürlich Zeit. Aber man kann es lernen, mit Gott zu sprechen.

Es ist wichtig, sich beim Beten daran zu erinnern, daß Jesus uns beim Vater vertritt. Er ist sozusagen unser Anwalt. Wenn wir unser Gebet »im Namen Jesu« beginnen und beenden, dann ist das so, als ob Jesus selbst sagte: »Vater, das ist ein Gebet deines geliebten Kindes Birgit (oder Peter oder Ellen).« Das Gebet ist dann geheiligt durch den Namen Jesu. Dieser Name ist über alles im Himmel und auf der Erde: Jesus Christus, unser Erlöser. Er ist unsere Stärke. »In keinem anderen ist das Heil zu finden; denn es ist uns Menschen kein anderer Name unter dem Himmel gegeben, durch den wir gerettet werden sollen« (Apg 4,12).

Jesus trat im Gebet auch für andere ein, und wir sollten seinem Beispiel folgen. Es ist das Größte, das man für einen anderen Menschen tun kann. Wenn Sie in diesem Augenblick für jemand beten, der sich vielleicht sogar auf der anderen Seite des Erdballs befindet, dann wird Jesus ihn anrühren.

Wenn ich Angst und Sorge um mich selbst habe, bete ich einfach für andere. Ich bete für alle Menschen, die mir in den Sinn kommen – Menschen, mit denen ich zusammen gereist bin, solche, mit denen ich im Gefängnis war, Schulfreunde aus früheren Jahren. Sehr bald bin ich dann meine Ängste um mich selbst los. Fürbitte befreit!

Doch sollte das Beten niemals als Entschuldigung für Untätigkeit dienen. Nehemia betete und stellte gleichzeitig Wachen aus. Er gebrauchte seinen Verstand, mit dem Ergebnis, daß in zweiundfünfzig Tagen die Mauer fertig war, die vorher hundert Jahre lang wüst gelegen hatte.

Gottes Antworten an uns sind nicht immer so klar und unmißverständlich wie die an Nehemia. Doch sollten wir niemals daran zweifeln, daß Gott unsere Gebete hört. Oft denken wir, daß er keine Antwort gibt, während er in Wirklichkeit sagt: »Warte noch!« Sein Fahrplan ist vollkommen.

Um Antworten von Gott zu erhalten, müssen wir konkret beten lernen. Gott gibt uns keine Steine, wenn wir um Brot beten. Wenn wir aber um bestimmte Dinge bitten, erhalten wir auch bestimmte Antworten. Die meisten Leute erhalten nichts, weil sie nicht bitten (s. Jak 4,2).

Beten setzt Kräfte in Bewegung. Der Teufel grinst, wenn wir Pläne machen. Und er lacht laut, wenn wir allzu geschäftig werden. Aber er zittert, wenn wir anfangen zu beten – besonders dann, wenn wir es in Gemeinschaft mit anderen tun. Doch vergessen wir nicht: Gott ist's, der die Antworten gibt. Und er antwortet immer so, daß es für alle, die ihn lieben, zum Besten ist.

»Sei mutig und stark! Fürchte dich also nicht und hab' keine Angst; denn der Herr, dein Gott, ist mit dir bei allem, was du unternimmst« (Jos 1,9).

Ich war gefangen, aber Er war bei mir

Haben Sie sich je einsam gefühlt? Das ist eine dumme Frage, denn davon bleibt wohl niemand verschont. Doch ich weiß aus eigener Erfahrung, daß es in dieser Hinsicht nichts Schlimmeres als Einzelhaft gibt.

Vor Jahren hatte man mich also vier Monate lang allein in eine Zelle eingesperrt. Eines Tages verirrte sich ein einzelner Sonnenstrahl durch mein Fenster. Ich sprang auf und stellte mich so, daß der Sonnenschein mein Gesicht berührte. Langsam bewegte sich der Lichtstrahl weiter, und ich bewegte mich mit ihm in gleicher Richtung, um mich so lange wie möglich daran zu erfreuen.

In solchen Augenblicken wurde mir meine Einsamkeit mehr denn je bewußt. Ich schrie zum Herrn, und er antwortete: »Hast du vergessen, daß der Sonnenschein meiner Liebe immer da ist, unter allen Umständen? Habe ich nicht gesagt: ›Seid gewiß: Ich bin bei euch alle Tage bis zum Ende der Welt‹ (Mt 28,20)? Ich bin dein Friede. Ich kann dir auch jetzt Freude geben.« Ich begann zu singen, zuerst leise, dann ein bißchen lauter:

»Welch ein Freund ist unser Jesus,
o wie hoch ist er erhöht!
Er hat uns mit Gott versöhnet
und vertritt uns im Gebet.«

Einen Augenblick wartete ich. Dann hörte ich plötzlich aus einer anderen Zelle:

»Wer mag sagen und ermessen,
wieviel Segen uns entgeht,
wenn wir nicht zu ihm uns wenden
und ihn suchen im Gebet!«

Die Antwort kam von einer Frau, die ebenfalls in Einzelhaft

saß. Ihr Mann war vor ihren Augen erschossen worden. Dann hatte man sie ins Gefängnis gebracht. Aber auch sie kannte Jesus als ihren Herrn und Erlöser. Ich antwortete ihr mit der nächsten Strophe:

»Wenn des Feindes Macht uns drohet
und manch Sturm rings um uns weht,
brauchen wir uns nicht zu fürchten,
stehn wir gläubig im Gebet.
Da erweist sich Jesu Treue,
wie er uns zur Seite steht
als ein mächtiger Erretter,
der erhört ein ernst Gebet.«

Ein Wärter schlug an die Zellentür und brüllte: »Wenn Sie nicht sofort aufhören zu singen, stecke ich Sie in die Dunkelzelle.«

Ich schwieg und warf mich auf mein schmutziges Bett. In meinem Herzen war Friede. Der Wärter wußte ja nichts davon, daß ich leise, so daß nur mein Heiland es hören konnte, weitersang:

»Sind mit Sorgen wir beladen,
sei es frühe oder spät,
hilft uns sicher unser Jesus,
fliehn wir zu ihm im Gebet.
Sind von Freunden wir verlassen
und wir gehen ins Gebet,
o so ist uns Jesus alles:
König, Priester und Prophet.«

Doch nicht nur in Einzelhaft kann man sich einsam fühlen. Oft ist man auch in Gesellschaft vieler anderer, mit denen man keine wirkliche Gemeinschaft haben kann, ganz allein. Aber auch da ist Jesus bei uns. Haben Sie ihn schon gebeten, in Ihr Herz einzuziehen? Dann können Sie mit ihm reden, ohne auch nur ein einziges Wort zu sagen. Er hört Sie und liebt Sie. In seinen Augen sind Sie sehr wertgeachtet. Halleluja, welch ein Retter!

Gegen die Sorge

»Werft alle eure Sorge auf ihn, denn er kümmert sich um euch« (1 Petr 5,7).

»Wir denken, daß ein gewisses Maß an Sorge Ausdruck unserer Klugheit und Besonnenheit ist, und meinen, die Gefahren des Lebens klar abschätzen zu können. In Wirklichkeit sind unsere Befürchtungen nur ein Zeichen unserer bösen Art« (Charles G. Trumbull).

Sorge ist Sünde – schwarze, mörderische, Gott verleugnende, Christus ablehnende Sünde, wann immer wir uns über irgend etwas Gedanken machen. Wir werden Furcht und Sorge niemals überwinden, wenn wir sie nicht als Sünde ansehen. Sie sind aber Sünde! In ihnen steckt ein tiefes Mißtrauen gegen den Vater, der uns immer wieder versichert, daß selbst ein Spatz seiner Fürsorge untersteht.

Das Wort »Furcht« kommt in der Bibel nicht allzu häufig vor, und wenn, dann macht uns das Wort Gottes nicht etwa Vorschläge, sondern gibt uns Anweisungen. Wenn wir uns also fürchten und uns Sorgen machen, sind wir ungehorsam. Ungehorsam aber ist immer Sünde!

Wir begehen einen schlimmen Fehler und zerstören unser Leben, wenn wir vergessen, auf Gott zu vertrauen. Nehmen wir den Lauf der Dinge in unsere eigenen ungeschickten Hände, schafft das nur Verwirrung.

Sich zu sorgen ist außerdem völlig nutzlos. Es hilft nicht weiter, es kommt nichts dabei heraus. Man kann weder klar sehen noch denken, wenn man von Angst erfüllt ist. Sollen Ungläubige sich sorgen, wenn sie wollen – wir haben es nicht nötig! Wir haben einen lebendigen Retter, unseren Herrn Jesus Christus, und seine alles überwindende Macht steht uns zur Verfügung. Sein Sieg kann auch unser Sieg sein. Das Leben ist auch im besten Falle kurz, und es gibt soviel zu tun. Wenn wir uns schon verzehren, dann wollen wir es für Gott tun!

In dieser Zeit wachsenden Tempos lassen wir uns so leicht von der Masse mitreißen und erheben den Materialismus zu unserem Gott. Doch dann stellen wir nur allzuoft fest, daß Sorge und Spannung Herr über uns werden. Die Folgen zu großer Anspannung aber kann man in allen Lebensbereichen beobachten. Spannung führt zu Leistungsunfähigkeit und aufgeriebenen Nerven am Arbeitsplatz, im Verhältnis zu Mitarbeitern und Mitstudenten; im politischen Bereich geraten die internationalen Beziehungen in Gefahr und Kriegsangst kommt auf. Zu Hause, in unseren Familien, gibt es Reizbarkeit gegenüber dem Ehegatten und Gottes vollkommenste Gabe wird damit zerstört.

Wenn wir uns Sorgen machen, haben wir kein Vertrauen. Wir Menschen mit unseren Belastungen und Verantwortlichkeiten neigen aber einfach zur Sorge. Ich muß es noch einmal betonen: Es ist so wichtig, daß wir den Feind erkennen. Sorge und Depression sind wie Schwester und Bruder. – Ein Erlebnis möchte ich noch weitergeben aus einer Zeit, in der depressive Strömungen praktisch ganze Nationen erfaßten:

Nach meiner Entlassung aus einem deutschen Konzentrationslager kehrte ich nach Holland zurück und blieb dort, bis der Krieg vorbei war. Dann schickte Gott mich wieder nach Deutschland, um die gute Botschaft vom Sieg Christi über Angst und Schuld zu verkünden. Doch im Nachbarland fand ich die Bevölkerung in großer Verwirrung vor. Viele vermißten ihre Angehörigen. Steckten sie noch in russischen Gefangenenlagern? Waren sie an der Front gefallen oder in den schrecklichen Bombennächten umgekommen? Die Ungewißheit trieb manche zur Verzweiflung.

Viele dieser Menschen gingen damals zu Wahrsagern, um eine Antwort zu bekommen. Die dämonischen Geister, die durch diese Wahrsager redeten, gaben oft genug Information um die Leute zum Wiederkommen zu bewegen. Doch gleichzeitig geschah noch etwas anderes: Viele dieser Hilfesuchenden wurden später von schrecklichen Ängsten und Depressionen heimgesucht. Über ihrem Gemüt schien beständig ein düsterer Schleier zu liegen. Häufig fühlten sie sich zum Selbstmord getrieben. Mir wurde plötzlich klar, daß hier dämonische Mächte im Spiel waren.

Jesus sagte: »Ich bin das Licht der Welt. Wer mir nachfolgt, wird nicht in der Finsternis umhergehen, sondern wird das Licht des Lebens haben« (Joh 8,12). Selbst wenn ein Kind Gottes zu einem Wahrsager gegangen und unter den Einfluß böser Geister geraten ist, braucht es nicht in der Finsternis zu bleiben. Es kann wieder frei werden!

Als mir das klar geworden war, begann ich gegen die Sünde des Okkultismus zu sprechen. Dieser war es, der die Menschen in Ketten schlug und ihren seelischen und geistlichen Zusammenbruch herbeiführte. Oft las ich 5. Mose 18,10–13, um zu zeigen, daß diese Sünden Gott ein Greuel waren. Statt sich von der Macht Gottes abhängig zu fühlen, liefen die Menschen zu ihrem Feind, um ihn um Hilfe zu bitten. Der Feind aber ist ein Lügner, der es darauf abgesehen hat, die Menschen zu täuschen und sie aus dem Bereich der Wahrheit herauszuführen.

Ich zeigte den deutschen Christen, daß Jesus für diese ernsten Probleme eine Antwort bereit hatte: Jesus ist der Sieger, nicht der Satan! Selbst wenn diese Leute die Dämonen zu sich eingeladen hatten, konnte er sie überwinden. Sie brauchten nicht länger mit ihren Ängsten und Depressionen zu leben. Die Freiheit war ihnen ja schon erwirkt. Ich konnte ihnen sagen:

»Gott aber hat euch mit Christus zusammen lebendig gemacht und euch alle Sünden vergeben. Er hat den Schuldschein, der gegen uns sprach, durchgestrichen und seine Forderungen, die uns anklagten, aufgehoben. Er hat ihn dadurch getilgt, daß er ihn an das Kreuz geheftet hat. Die Fürsten und Gewalten hat er entwaffnet und öffentlich zur Schau gestellt; durch Christus hat er über sie triumphiert« (Kol 2,13–15).

Im Alten Testament gibt es eine interessante Geschichte von einem verlorenen Axteisen. Einem Prophetenjünger war beim Bäumefällen das Eisen von seinem Beil in den Jordan gefallen. Da das Werkzeug geliehen war, packte ihn die Angst. Besorgt rannte er zu Elisa und bat ihn um Hilfe. Elisa schickte ihn zurück an den Ort, wo der Vorfall sich ereignet hatte, um dann durch ein Wunder die Sache wieder in Ordnung zu bringen. Das Eisen schwamm plötzlich an der Oberfläche, der junge Mann packte es und befestigte es wieder auf dem Stiel (s. 2 Kö 6,1–6).

Ebenso müssen auch wir bis zu der Stelle unseres Lebens zurückgehen, wo wir dem Geist der Sorge die Tür geöffnet haben. Bei welcher Gelegenheit, wann und wo ist die Angst zum erstenmal in uns aufgestiegen? Was war die Ursache? Wir wollen daran denken, daß der Geist der Furcht nicht aus Gott kommt. Gott gab uns vielmehr den Geist der Kraft und der Liebe und der Besonnenheit (s. 2 Tim 1,7). Darum müssen wir den Herrn bitten, die Tür wieder zu verschließen, die wir der Furcht geöffnet haben.

Wie kann das geschehen? Zuerst müssen wir erkennen, daß wir gesündigt haben. Furcht, Angst und Sorge kommt in den allermeisten Fällen aus der Sünde mangelnden Gottvertrauens.

Als zweites ist das Bekennen dieser Schuld nötig. Wir müssen uns dazu stellen und es Gott sagen. Wenn irgend möglich, sollten wir die Schuld dann auch vor einem Menschen bekennen, zu dem wir ein Vertrauensverhältnis haben.

Wenn all das geschehen ist, dürfen wir die Verheißung der Reinigung für uns in Anspruch nehmen. Das macht uns augenblicklich frei von den Fesseln Satans.

Der Sorgengeist ist ein Dämon. Die Angst vor Dämonen wird von diesen selbst ausgelöst. Als Kinder Gottes haben wir nichts zu fürchten. Der in uns ist, ist viel stärker als der, der gegen uns steht.

»Er sagte zu ihnen: Warum habt ihr solche Angst? Habt ihr noch keinen Glauben?« (Mk 4,40).

»Unter die Dornen ist der Samen bei denen gefallen, die das Wort zwar hören, dann aber weggehen und in den Sorgen, dem Reichtum und den Genüssen des Lebens ersticken . . .« (Lk 8,14).

Dürfen wir uns also der Sorge hingeben? Wir haben die ganze Bibel als Führer durchs Leben, Jesus Christus als lebendigen, uns liebenden Erretter und den Himmel als unsere Zukunft.

Höhere Weisheit

»Ohne prophetische Offenbarung verwildert das Volk...« (Spr 29,18).

Wie sehr tut uns eine prophetische Schau in dieser dunklen Zeit not! Doch der Heilige Geist gibt uns gute Augen, damit wir Gottes Plan inmitten des Chaos unserer Tage erkennen können.

In 1. Korinther 1 und 2 spricht Paulus von der *Torheit* Gottes und von der *Weisheit* der Weisen. Dabei geht es um zwei verschiedene Ebenen, die wir unterscheiden müssen: Zur »Weisheit der Weisen« gehört alles, was wir mit unserem logischen Denken, mit unserem Gehirn erfassen können. Die »Torheit Gottes«, die höchste Weisheit, die es gibt, ist nur der Gewißheit des Glaubens zugänglich. Der Heilige Geist lehrt uns, die Weisheit der Weisen auf die Ebene der Torheit Gottes zu erheben. Dann empfangen wir die prophetische Schau.

Wenn Menschen den Herrn nicht kennen und noch nicht in die Familie Gottes hineingeboren sind, können sie vom Reich Gottes nichts sehen oder verstehen. Über ihr logisches Denken, über den Gebrauch ihres eigenen Verstandes kommen sie nicht hinaus. Und wenn sie dann die Torheit Gottes mit den Maßstäben der Weisheit der Weisen messen, ist das Ergebnis möglicherweise die »Gott-ist-tot«-Theologie.

Wir leben in einer Situation, in der die Zeichen der Endzeit, die wir im Buch Daniel finden, sich deutlich abheben: »...und die Erkenntnis wird groß sein« (Dan 12,4). Schätzungen zufolge wird sich die Summe alles menschlichen Wissens in den nächsten zehn Jahren verdoppeln.

Es ist eine große Gefahr, wenn wir uns nur von unserem logischen Denken leiten lassen. Daraus könnte einmal eine Waffe für den Antichristen werden. Einen kleinen Eindruck gewann ich in dieser Hinsicht bei einem Kommunistentreffen in Ravensbrück. Man hatte mir gesagt, daß eine Begegnung ehemaliger Häftlinge geplant war, und ich hatte gehofft, Freunde aus der gemeinsamen Leidenszeit wiederzusehen. Statt dessen fanden sich vierzigtausend Kommunisten zusammen.

Ich hörte mir ihre Reden an, die mich wie eine schwere, dunkle Wolke überschatteten. Als ich in die Bundesrepublik zurückkehrte, spürte ich, daß mir die Botschaft für die Menschen dort fehlte. Doch der Herr befreite mich völlig aus dieser Dunkelheit, und ich empfing sein Wort in ganz neuer Kraft. Damals erkannte ich, wie gefährlich es ist, ständig in der Atmosphäre dieser »Weisheit der Weisen« zu leben, ohne jedes Wissen um die »Torheit Gottes«, die doch die höchste Weisheit ist.

Menschliches Wissen ist ja nichts Schlechtes an sich. Wir gehören hundertprozentig unserem Herrn – mit Herz und Verstand. Wenn wir uns ihm ganz ausgeliefert haben, wird er uns zeigen, wie wir mit unserer Weisheit umzugehen haben. Ich erinnere mich an einen Vorfall aus der Zeit, in der ich noch als Uhrmacherin bei meinem Vater im Geschäft arbeitete. Vater sagte: »Über unserer Ladentür steht zwar mein Name, aber eigentlich sollte dort Gottes Name stehen. Ich bin ja nur ein Uhrmacher von Gottes Gnaden.«

Wenn wir bei einer Uhr nicht entdecken konnten, warum sie falsch oder überhaupt nicht mehr ging, beteten wir manchmal darum, daß der Herr uns die Ursache zeigen möge. Vater und ich machten beide die großartige Erfahrung, daß uns der Herr nachts im Traum den Fehler zeigte, den wir vergeblich gesucht hatten. Wenn *mir* das passierte, stand ich sofort auf und ging in den Laden hinunter, um zu sehen, ob mein Traum wahr war. Und jedesmal fand ich ihn bestätigt. Es gibt nichts, das für Gottes Macht zu groß und zu schwierig, und nichts, das für seine Liebe zu gering wäre.

Als ich einst in Vietnam arbeitete und an einem schweren Darmkatarrh erkrankt war, kam ein Arzt zu mir. Zuerst betete er mit mir und rief den Sieg Jesu über meine Krankheit aus, die mich an meinem wichtigen Dienst hier hindern wollte. Dann verabreichte er mir eine gute Arznei. Ich stellte fest, daß dieser Mann sowohl mit der Weisheit der Weisen vertraut war als auch mit der Torheit Gottes.

Ein Weltraumfahrer sagte einmal: »Ich war in endlosen Fernen, aber Gott ist mir nirgends begegnet.« Dieser Mann kannte nur die Weisheit der Weisen. Wer zu Jesus gehört, kann bei ihm die Weisheit Gottes finden. Sie mag in den Augen der Welt wohl als

Torheit erscheinen, aber für uns bedeutet sie eine große Kraft, um in diesen dunklen Zeiten den Weg zu erkennen. Jakobus sagt uns, wo wir diese Kraft finden können: »Fehlt es aber einem von euch an Weisheit, dann soll er sie von Gott erbitten; Gott wird sie ihm geben, denn er gibt allen gern und macht niemand einen Vorwurf« (Jak 1,5).

Gottes Liebesbrief

»Jede von Gott eingegebene Schrift ist auch nützlich zur Belehrung, zur Widerlegung, zur Besserung, zur Erziehung in der Gerechtigkeit; so wird der Mensch Gottes zu jedem guten Werk bereit und gerüstet sein« (2 Tim 3,16–17).

Bibellesen ist der beste Weg, um den Herrn Jesus kennenzulernen. Und doch kann das zu manchen Zeiten auch schwierig sein. Ein guter Freund aus Holland gab mir einige sehr praktische Ratschläge, wie man das Wort Gottes eingehend studieren kann:

»Früher war die Bibel für mich ein Buch mit sieben Siegeln, doch nun ist sie recht lebendig geworden. Ich sehne mich danach, immer mehr von ihren Schätzen zu heben. Mir ist Sieg über meine Sünde geschenkt worden, und ich fühle mich viel glücklicher. Vielleicht geht es Ihnen ähnlich wie mir einst. Vielleicht nahmen auch Sie die Bibel zur Hand, als Sie Ihr Leben Christus übergaben. Eine Weile fanden Sie die Lektüre ganz interessant, doch dann hörten Sie auf, darin zu lesen. Und heute haben Sie den Mut verloren und machen keinen neuen Versuch mehr.

Sehnen Sie sich danach, die Bibel kennenzulernen? Ich glaube eine gute Methode gefunden zu haben. Zuerst müssen wir uns allerdings klarmachen, daß die Heilige Schrift Gottes Buch ist, sein Liebesbrief an uns. Wenn Sie durch den Glauben an die Vergebung der Sünden durch Jesus Christus in Kontakt mit Gott leben, dann kann die Bibel für Sie ein sehr lebendiges Buch werden, voll von reichen Schätzen. Wenn diese Voraussetzung fehlt, bleibt ihr Inhalt uns verschlossen.

Als nächstes sollten Sie Gott um Hilfe bitten und damit rechnen, daß er ihr Gebet erhört. Dann nehmen Sie Ihre Bibel und wählen ein Buch aus, mit dem Sie sich besonders befassen möchten. Lassen sie uns mit dem Evangelium des Johannes beginnen, vielleicht mit dem ersten Kapitel, Vers 1–14.

Fragen Sie sich einmal, welches für Sie der schönste Vers ist und warum Sie das so empfinden. Für mich ist es der 12. Vers: »Denen aber, die ihn aufnahmen, gab er Macht, Kinder Gottes zu werden, die an seinen Namen glauben.« Ich finde diese Stelle deshalb so schön, weil sie zeigt, daß der Glaube die einzige Voraussetzung ist, wenn man ein Kind Gottes werden will.

Aber nun sehen Sie sich die Stelle noch einmal an und überlegen, ob es darin eine Verheißung gibt, die Ihnen gelten könnte. Ein junger Mann sagte mir einmal, daß er nach der ernsthaften Beschäftigung mit dieser Frage eine neue Bibel entdeckt habe, weil ihm nun plötzlich Christus darin begegnet sei.

Ein Mädchen fand während einer Freizeit eine wundervolle Verheißung in Vers 9: »Das wahre Licht, das jeden Menschen erleuchtet, kam in die Welt.« Diese Aussage machte sie sehr glücklich, weil sie nun wußte, daß Gott mit jedem Menschen Kontakt sucht von seiner Geburt an.

Als nächstes wollen wir den Abschnitt daraufhin untersuchen, ob er eine Warnung an uns enthält. Ich finde sie in Vers 11: »...aber die Seinen nahmen ihn nicht auf.« Diese Warnung sollten wir an andere weitergeben – an alle, mit denen wir über Christus sprechen können. An ihm vorbeigehen bedeutet, unerlöst in die Ewigkeit zu gehen.

Die letzte Frage, die gestellt werden sollte, heißt: Stieg in meinem Herzen ein Gebet auf, als ich die Bibelstelle las? *Ich* sehnte mich z. B. danach, mit dem Herrn zu reden, als ich an Vers 4 kam: »Herr, schenke es doch, daß viele dieses Licht erkennen und sich dir übergeben!«

Ob das Bibelstudium schwierig ist? Ich meine nicht. Es erfordert nur einen gewissen Zeitaufwand und Gebet. Versuchen Sie doch ein paar Freunde zu finden, die mitmachen. Wenn Sie die Bibel gemeinsam lesen, bin ich sicher, daß Sie die Kraft des Wortes in Ihrem Leben erfahren werden.

Mein Freund hat recht mit diesen Aussagen. Die Bibel zu studieren ist nicht schwer. Das Verstehen dieser Botschaften hängt nicht von unserem Verstand und unserer Intelligenz ab. Wir wollen nicht mit den Maßstäben unserer eigenen Vernunft an die Bibel herangehen, wenn wir sie lesen. Akzeptieren wir sie dagegen ganz einfach und wie ein Kind als Wort Gottes, dann lehrt sie uns, was es um die Torheit Gottes ist, die weiser ist als die Weisheit der Menschen, und was es um die Liebe Gottes ist, die alles

Verstehen übersteigt. Wie sehr würde das unser Leben verändern! Wir würden die Dinge plötzlich in der richtigen Perspektive sehen. Und wir brauchen keine Angst zu haben, diesem Wort zu vertrauen – es ist unbedingt zuverlässig!

Ich möchte einige Gründe anführen, warum ich glaube, daß die Bibel vom Geist Gottes inspiriert ist. Erstens sagt sie das von sich selbst: »... vom Heiligen Geist getrieben haben Menschen im Auftrag Gottes geredet« (2 Petr 1,21).

Zweitens sehe ich die Auswirkung, die dieses Buch auf alle hat, die ihm glauben und seine Anweisungen befolgen. Wie könnte es auch einen solchen Einfluß haben ohne den Heiligen Geist! Außerdem überzeugt mich die Tatsache, daß die verschiedenen Verfasser in ihren Aussagen inhaltlich übereinstimmen, obwohl ihre Lebenszeiten teilweise bis zu zweitausend Jahre auseinanderliegen.

Entgegen dem sonstigen menschlichen Verhalten versuchen die Autoren auch nicht ihre eigenen Fehler und Sünden zu vertuschen oder zu entschuldigen. Sie berichten über die schlimmsten Szenen, von denen sie tief erschüttert wurden, ohne emotionale Aufwallungen. Der Heilige Geist wollte offensichtlich, daß Tatsachen weitergegeben wurden und nicht die Gefühle der Berichterstatter.

Wie wunderbar ist es doch, einen Liebesbrief von Gott zu besitzen! Er hat sich Zeit genommen, ihn schreiben zu lassen. Sollten wir uns dann nicht auch die Zeit nehmen, ihn zu lesen?

Unter dem Schutz des Allerhöchsten

»Mit ganzem Herzen vertraue auf den Herrn, baue nicht auf eigene Klugheit; suche ihn zu erkennen auf all deinen Wegen, dann ebnet er selbst deine Pfade« (Spr 3,5–6).

Viele Menschen begegneten dem Herrn im Zweiten Weltkrieg und lernten es damals, ihm zu vertrauen. Einer von ihnen war ein Engländer, der lange Zeit in einem deutschen Gefangenenlager eingesperrt war. Eines Tages las er den 91. Psalm:

»Wer im Schutz des Höchsten wohnt
und ruht im Schatten des Allmächtigen,
der sagt zum Herrn: Du bist für mich Zuflucht und Burg,
mein Gott, dem ich vertraue . . .
Denn der Herr ist deine Zuflucht,
du hast dir den Höchsten als Schutz erwählt.
Dir begegnet kein Unheil,
kein Unglück naht deinem Zelt.
Denn er befiehlt seinen Engeln,
dich zu behüten auf all deinen Wegen«
(Ps 91,1–2.9–11).

»Vater im Himmel«, betete der Engländer nun, »ich sehe, wie die Männer um mich herum sterben – einer nach dem andern. Muß ich auch diesen Weg gehen? Ich bin noch so jung und wünsche mir so sehr, für dein Königreich hier auf der Erde zu arbeiten.«

Er bekam folgende Antwort: »Verlaß dich auf das, was du eben gelesen hast, und geh nach Hause!«

Im Vertrauen auf den Herrn stand er auf, betrat den Korridor und ging auf das Tor zu. Ein Aufseher rief ihn an: »He, Gefangener, wo gehst du hin?«

»Ich stehe unter der Protektion des Allerhöchsten«, antwortete er. Der Wärter stutzte und ließ ihn vorbeigehen. Für ihn war der »Allerhöchste« Adolf Hitler.

Der Engländer kam zum Tor, wo eine ganze Gruppe der Wachmannschaft stand. Sie befahlen ihm, stehenzubleiben, und fragten ebenfalls nach seinem Wohin.

»Ich stehe unter der Protektion des Allerhöchsten.« Alle Bewacher nahmen daraufhin Haltung an und ließen ihn hinausgehen.

Der englische Offizier schlug sich nun querfeldein durch Deutschland und erreichte schließlich seine Heimat. Dort erzählte er von seiner wunderbaren Befreiung.

Er war der einzige Insasse dieses Lagers, der lebendig herausgekommen war . . .

Außerhalb seiner Grenzen

»Bleibt immer innerhalb des Bereichs, wo Gottes Liebe euch erreichen und segnen kann« (nach Jud 21).

Während des letzten Weltkrieges hatte ich ein Erlebnis, das mir deutlich machte, wie wichtig es ist, im Zentrum des göttlichen Willens zu bleiben. Das ist der sicherste Platz auf der ganzen Welt!

Nachdem ich von Ravensbrück heimgekehrt war, suchte mich eines Tages ein mir unbekannter Mann auf. Er zeigte mir ein Papier und berichtete, daß einer seiner Freunde im Gefängnis säße und daß sein Leben in Gefahr sei.

»Sie kennen den Direktor dieses Gefängnisses«, sagte er. »Er ist ein guter Holländer und steht auf unserer Seite. Würden Sie mich ihm vorstellen, ihm dies Papier überreichen und ihn bitten, meinen Freund zu befreien?«

»Ich glaube nicht, daß ich diesen Direktor kenne«, antwortete ich, »aber ich bin bereit, mit Ihnen zu gehen. Doch wollen wir zuerst darum beten, daß der Herr uns bewahren möge.«

Auf Fahrrädern ohne Reifen fuhren wir zum Gefängnis und läuteten dort am Eingang. Ein Wärter öffnete das Tor, und ich bat, den Direktor sprechen zu dürfen. Als das Tor hinter uns ins Schloß fiel, wurde mir ungemütlich zumute. Und als ich den Direktor sah, wußte ich, daß ich ihn nie zuvor gesehen hatte.

»Darf ich einen Augenblick mit Ihnen sprechen?« fragte ich.

Er führte uns einen Korridor entlang, bis wir uns tief im Gefängnis befanden. Ich überreichte ihm das Papier. Einen Moment lang schaute er darauf und sagte dann: »Warten Sie eine Minute. Ich werde bei der Gestapo anrufen, um zu erfahren, ob dieses Gesuch berücksichtigt werden kann oder nicht.«

Mir sank das Herz in die Schuhe. Hatte mein Begleiter mich mit jemand anderem verwechselt?

»Nein, nein, lassen Sie mich nur einen einzigen Augenblick mit Ihnen reden«, sagte ich. Doch schon war er verschwunden.

Fünf Minuten waren etwa vergangen, seit der Direktor uns verlassen hatte. Während ich wartete, bemerkte ich plötzlich wieder den Gefängnisgeruch, der mir so wohl vertraut war. Ich hörte einen Mann an seine Zellentür hämmern und laut schreien: »Laßt mich raus! Ich will hier weg! Macht die Tür auf!«

Das alles war mir nur allzu bekannt. Ich begann zu zittern. Sollte die Zeit meiner Freiheit so kurz gewesen sein? Eine schreckliche Furcht stieg in mir auf, eine Angst, wie ich sie während der ganzen Zeit in Ravensbrück niemals gefühlt hatte.

Der Direktor kehrte zurück und führte uns in sein Büro. Als er die Tür hinter sich geschlossen hatte, wandte er sich an mich und sagte: »Gehören Sie zum Untergrund? Wie kann man nur so dumm sein! Schauen Sie sich das Papier doch einmal genau an – es enthält drei riesengroße Fehler!«

Ich war mir zwar bewußt, daß das nicht meine Schuld war, hörte seine Vorwürfe aber doch frohen Herzens an. Er sagte nun, daß er selbst zum Untergrund gehöre und ein holländischer Patriot sei. Ich brauche nichts zu fürchten.

»Wenn ich getan hätte, was Sie von mir wünschten«, fuhr er fort, »hätte ich sofort im Untergrund verschwinden müssen – mit all meinen Helfershelfern. Ich möchte aber hier bleiben und helfen, solange ich kann, bis der Krieg vorbei ist.«

Dann schaute er mich noch einmal an und seufzte: »Ich will Ihnen sagen, wie Sie diesen jungen Mann freibekommen können.«

»Sagen Sie es bitte meinem Begleiter«, meinte ich und zeigte auf ihn. Während ich ihre Stimmen hörte, drehte sich der Raum um mich. Mein Herzschlag wurde erst wieder normal, als ich endlich heil aus dem Gefängnis heraus war.

»Sie sehen so verstört aus«, sagte mein Begleiter beim Hinausgehen. »Man hat mir gesagt, Sie würden sich niemals fürchten. Jetzt schauen Sie aber wie ein Geist aus!«

Ja, ich hatte Angst gehabt. War ich noch die gleiche Corrie ten Boom, die im Konzentrationslager in pechschwarzer Nacht ihre Freunde getröstet hatte, als sie in den Tod gingen?

Ich *war* die gleiche Corrie. Aber im Konzentrationslager war ich an dem Platz, an den Gott mich gestellt hatte. Und *er* war dort meine Stärke. Hier befand ich mich nicht mit seinem Willen, und ohne ihn war ich nichts – ich war vielmehr dumm, schwach und hilflos.

Nach diesem Vorfall verboten mir meine Freunde, noch weiter für den Untergrund zu arbeiten. Ich stimmte ihnen zu.

Am letzten Tag vor Kriegsende ließ der Direktor des Gefängnisses achtzehn Gefangene frei, die an diesem Tag erschossen werden sollten. Er selbst und alle Bewacher, die auf seiner Seite standen, ergriffen gerade noch rechtzeitig die Flucht.

Die Fülle des Geistes

»Wer an mich glaubt, wie die Schrift sagt, von dessen Innerem werden Ströme lebendigen Wassers fließen. Damit meinte er den Geist, den alle empfangen sollten, die an ihn glaubten ...« (Joh 7,38–39).

Wir können damit rechnen, daß Jesus schon sehr bald wiederkommt, und wir sollten uns dafür bereitmachen. Wie die klugen Jungfrauen Öl für ihre Lampen mitnahmen, so müssen wir mit dem Heiligen Geist erfüllt werden. Diese klugen Mädchen lehnten es ab, die Hälfte ihres Öls an die törichten abzugeben, weil sie wußten, daß dann die andere Hälfte für sie selbst auch nicht mehr ausreichen würde, um das Hochzeitshaus zu erreichen und während des Festes brennende Lampen zu behalten. Auch wir brauchen die Fülle des Heiligen Geistes, um für das Kommen Jesu vorbereitet zu sein.

Wie wunderbar, daß Gott unsere Herzen füllen will, wie Licht einen Raum erfüllt, der für seinen Glanz offen ist! Laßt uns ihm ein gereinigtes Haus zur Verfügung stellen! Das wird uns möglich gemacht, wenn wir all unsere bisher nicht bekannten Sünden vor den Herrn bringen und dann die Aussage aus 1. Johannes 1,7 für uns in Anspruch nehmen – die Reinigung durch das Blut Jesu.

Mit dem Heiligen Geist erfüllt zu werden ist weniger eine Frage unseres Strebens danach als vielmehr eine Sache unserer Hingabe an den, der uns im Glauben festmachen und bewahren kann bis zum Ende. Dann brauchen wir, wenn er wiederkommt, kein Gericht mehr zu fürchten (s. 1 Kor 1,8).

Wir sollten die Kraft und das Tun des Heiligen Geistes nicht unterschätzen. Das Wort Gottes sagt uns: »... Ihr müßt von neuem geboren werden ... aus dem Heiligen Geist« (Joh 3,7–8). »Wiedergeburt« bedeutet nicht nur unsere Hinwendung zu Gott, sondern daß Gott uns den Heiligen Geist als neues Leben in unser Herz schenkt. Auf diese Weise werden wir zu Gottes Kindern.

Ich habe drei verschiedene Phasen festgestellt, in denen sich das

»Von-neuem-geboren-Werden« durch den Heiligen Geist vollzieht: Man muß diesen Geist empfangen, ihn anerkennen und ihm vertrauen.

Empfangen: Wenn wir das neue Leben suchen, ist es an uns, uns von der Sünde weg- und Gott zuzuwenden. Wir dürfen uns auf unseren Erlöser berufen, der für uns starb und auferstand. Und dann können wir um den Heiligen Geist bitten und ihn empfangen.

Die Sache Jesu ist es, unsere ganze Vergangenheit unter die Kraft seines Blutes zu bringen, uns den Heiligen Geist ins Herz zu geben und uns ihn selbst als unseren persönlichen Erretter erkennen zu lassen. Darum bitten Sie getrost um den Heiligen Geist und nehmen ihn im Glauben an. Gott, der niemals lügt, verspricht ihn allen, die darum bitten. Beweisen Sie Ihren Glauben dadurch, daß Sie Gott danken und anderen Menschen von dem Bund erzählen, den Sie mit Gott geschlossen haben.

Anerkennen: Bejahen Sie, daß der Heilige Geist nun in Ihnen lebt, und gehorchen Sie ihm in allen Dingen. Denken Sie daran, daß Sie Ihr Herz einer göttlichen Person geöffnet haben, der dritten Person der Dreieinigkeit, die gekommen ist, »euch in alle Wahrheit zu führen«. Vergessen Sie Ihren Bund mit Gott nicht. Gott muß den ersten Platz in Ihrem Herzen und Leben haben. Warten Sie nicht auf irgendwelche Gefühle, sondern rechnen Sie damit, daß der Heilige Geist Sie lehren, von Ihrer Sünde überzeugen und Sie umwandeln wird, bis Sie so sind, wie Gott Sie haben will.

Vertrauen: Verlassen Sie sich darauf, daß der in Ihnen wohnende Heilige Geist Ihnen den Sieg über jede Versuchung des Bösen geben und aus Ihnen einen Überwinder und noch viel mehr machen wird. Wenn Sie in der Bibel lesen, bitten Sie Gott vor allem, Ihnen einige seiner Verheißungen vor Augen zu stellen, die Ihnen versichern, daß der Heilige Geist nun in Ihnen lebt. Das wird Sie dazu befähigen, späteren Versuchungen mit dem Schwert des Geistes zu begegnen. Trauen Sie in allen Dingen auf den Heiligen Geist. Wünschen Sie sich alles, was Gottes Wille für Sie ist, und rechnen Sie damit, daß er in Ihnen am Werk ist.

»Darum sage ich euch: Bittet, dann wird euch gegeben; sucht, dann werdet ihr finden; klopft an, dann wird euch geöffnet... Oder ist unter euch ein Vater, der seinem Sohn eine Schlange gibt, wenn er um einen Fisch bittet?... Wenn nun schon ihr, die ihr böse seid, euren Kindern gebt, was gut ist, wieviel mehr wird der Vater im Himmel den Heiligen Geist denen geben, die ihn bitten!« (Lk 11,9.11.13).

Erfülltes Leben

»Die Frucht des Geistes aber ist Liebe, Freude, Friede, Langmut, Freundlichkeit, Güte, Treue, Sanftmut und Selbstbeherrschung« (Gal 5,22).

Diese Liebe ist die Liebe Christi, die alle Erkenntnis übersteigt.

Diese Freude ist unbeschreiblich tief und voller Glanz.

Dieser Friede ist höher als alle Vernunft. Jesus versprach ihn seinen Nachfolgern mit den Worten: »Meinen Frieden gebe ich euch.«

Diese Langmut bedeutet Vergebung – selbst für unsere Feinde, wie Jesus seinen Feinden sogar noch am Kreuz vergeben hat.

Diese Freundlichkeit ist der Abglanz der Freundlichkeit Jesu.

Diese Güte bedeutet Ähnlichkeit mit Jesus – eine wesensmäßige Grundhaltung.

Diese Treue wurde von den Jüngern nicht immer gehalten. Als Jesus in Gethsemane verraten wurde, verließen sie ihn alle und flohen. Doch als der Heilige Geist zu Pfingsten auf sie fiel, machte er sie treu bis zum Tod.

Diese Sanftmut ist nicht das gleiche wie Schwäche. Und sie ist auch keine Frucht, die aus dem menschlichen Herzen hervorwächst. Sie kommt aus dem Himmel.

Diese Selbstbeherrschung bedeutet die Kontrolle über unsere Wünsche und Leidenschaften, vor allem die im Bereich der Sinnlichkeit.

All diese Früchte des Geistes können bei Ihnen sichtbar werden, aber nur, wenn Sie in Verbindung mit dem »Weinstock« bleiben.

Vertrauen und Gehorchen

»... seid standhaft und unerschütterlich, nehmt immer eifriger am Werk des Herrn teil und denkt daran, daß im Herrn eure Mühe nicht vergeblich ist« (1 Kor 15,58).

Haben Sie in dieser Woche schon mit jemand über Ihren Glauben gesprochen? Dann hat der Herr Sie gebraucht. Fühlen Sie sich entmutigt? Vielleicht werden Sie hier auf der Erde keinen sichtbaren Beweis dafür mehr sehen, daß der Herr Sie eingesetzt hat, um seine Ziele zu verwirklichen, aber im Himmel können Sie fest damit rechnen. Vertrauen und gehorchen Sie!

Ich erinnere mich an eine Zeit, in der ich in Rußland arbeitete. Eine Weile hatte ich kaum Gelegenheit gehabt, ein Zeugnis von Christus zu sagen. Doch in unserem Hotel war ein amerikanisches Ehepaar, das sich auffällig darum bemühte, beim Essen an unserem Tisch zu sitzen. Wie gern hörten die beiden uns zu, wenn wir vom Herrn Jesus sprachen! Später ging uns ihre Adresse abhanden, und so verloren wir den Kontakt mit ihnen. Doch welche Freude machte uns ein Brief, den ich nach einem Jahr von der Dame erhielt! Sie schrieb: »Mein Mann und ich haben eine Menge aus den Gesprächen gelernt, die wir mit Ihnen am Mittagstisch in jenem Moskauer Hotel geführt haben. Im letzten Monat starb mein Mann. Doch er wußte nun, daß seine Sünden durch Jesus Christus vergeben waren. Gott hat Sie dazu benutzt, uns den Weg zu zeigen.«

Wenn wir vertrauen und gehorchen, dann tut der Herr sein Werk. Halleluja!

Ich gehe, wohin du mich schickst, lieber Herr . . . aber keine zehn Treppen hinauf

»In seiner Macht kann Gott alle Gaben über euch ausschütten, so daß euch allezeit in allem alles Nötige ausreichend zur Verfügung steht und ihr noch genug habt, um allen Gutes zu tun« (2 Kor 9,8).

An einem Sonntagmorgen hatte ich in einer Kirche in Kopenhagen gesprochen. Ich hatte den Leuten nahegelegt, ihren Körper als lebendiges Opfer dem Herrn darzubieten. Dabei hatte ich erwähnt, daß ich als alte Frau sogar noch wünschte, mich selbst mit all meinen Kräften vollständig Jesus auszuliefern. Ich wollte alles tun, was er von mir verlangte, wollte gehen, wohin er mich schickte, auch wenn es in den Tod bedeuten sollte.

Nach dem Gottesdienst sprachen mich zwei junge Krankenschwestern an. Sie luden mich in ihr nahegelegenes Appartement zu einer Tasse Kaffee ein. Ich war sehr müde. Mit fast achtzig Jahren fand ich es allmählich ziemlich erschöpfend, lange Zeit auf den Füßen zu stehen. Die Sache mit dem Kaffee klang gut, und so nahm ich ihre Einladung an.

Doch auf den Weg zu ihrer Wohnung war ich nicht gefaßt. In Kopenhagen gibt es noch viele alte, sehr hohe Häuser ohne Aufzug. Die beiden Schwestern lebten im zehnten Stockwerk eines solchen Hauses. Nun mußten wir die Treppen hinaufsteigen.

»O Herr«, klagte ich, als ich an dem Gebäude hinaufschaute, »ich glaube nicht, daß ich das schaffe.« Aber die Schwestern baten so inständig, daß ich schließlich zustimmte, den Versuch machen zu wollen.

Als wir den fünften Stock erreicht hatten, schlug mein Herz so wild und meine Beine waren so schwer, daß ich glaubte, keine weitere Stufe mehr erklettern zu können. Im Korridor dieser Etage sah ich einen Stuhl stehen. Ich begann mit dem Herrn zu handeln: »Laß mich doch hier eine Weile sitzen bleiben, während die beiden weiter hinaufgehen. Mein Herz ist so unruhig.«

Geduldig warteten die Krankenschwestern, als ich auf den Stuhl sank, um ein wenig auszuruhen. »Warum, o Herr, muß ich diese schrecklichen Treppen hochklettern nach einem so anstrengenden Tag?«

Doch nun hörte ich Gottes Stimme, die lauter war als mein klopfendes Herz: »Weil ein großer Segen auf dich wartet, ein Werk, das den Engeln im Himmel Freude machen wird.«

Ich blickte die Stufen hinauf, die sich über mir türmten und schier in den Wolken zu verschwinden schienen. Vielleicht lasse ich nun die Erde hinter mir und gehe geradewegs in den Himmel, dachte ich. Da wäre sicher auch bei den Engeln Freude. Ich versuchte die Stufen zu zählen. Es schienen noch mindestens hundert zu sein. Doch wenn Gott gesagt hatte, mein Tun würde bei den Engeln Freude auslösen, dann mußte ich gehen! Ich stand von meinem Stuhl auf und begann aufs neue, mich die langen Treppenfluchten hinaufzuschleppen, eine Krankenschwester vor mir, die andere hinter mir.

Schließlich erreichten wir das Appartement im zehnten Stock. Wir betraten den Raum, in dem bereits eine einfache Mahlzeit auf dem Tisch stand. Die Eltern des einen Mädchens hatten das Essen aufgetragen.

Ich wußte, daß uns nur wenig Zeit zur Verfügung stand, und andererseits hatte Gott gesagt, daß ein Segen auf uns wartete. So begann ich ohne viel einleitende Worte, einige Fragen zu stellen:

»Sagen Sie mir«, wandte ich mich an die Mutter der einen Schwester, »ist es schon lange her, daß Sie Jesus als ihren Erlöser gefunden haben?«

»Ich bin ihm noch nie begegnet«, antwortete sie überrascht auf meine Frage.

»Möchten Sie denn zu ihm kommen? Er liebt Sie. Ich bin durch mehr als sechzig Länder gereist und bin noch nie jemand begegnet, der es bereut hätte, Jesus sein Herz geöffnet zu haben. Ich denke, auch Sie würden es nicht bedauern.«

Dann öffnete ich meine Bibel und wies auf die Verse hin, die von der Erlösung sprechen. Aufmerksam hörte sie zu. Ich fragte die beiden: »Sollen wir nun mit dem Herrn sprechen?«

Zuerst betete ich, dann die beiden Krankenschwestern, und schließlich faltete auch die Mutter die Hände und sagte: »Herr Jesus, ich weiß schon viel von dir. Manches habe ich in der Bibel gelesen. Aber nun bitte ich dich, in mein Herz zu kommen. Ich brauche Reinigung und Erlösung. Ich weiß, daß du am Kreuz für die Sünden der ganzen Welt gestorben bist, also auch für meine. Bitte Herr, komm in mein Herz und mache mich zu einem Kind Gottes. Amen.«

Ich schaute auf und bemerkte Freudentränen in den Augen der einen Krankenschwester. Sie und ihre Freundin hatten so inständig für die Eltern gebetet, und nun war die Erhörung da. Ich wandte mich um und schaute den Vater an, der still dabeigesessen hatte.

»Und wie steht es mit Ihnen?« fragte ich ihn.

»Auch ich habe noch nie eine Entscheidung für Jesus getroffen«, gab er ernst zur Antwort. »Aber ich habe genau zugehört, was Sie meiner Frau gesagt haben, und nun kenne ich den Weg. Ich möchte auch gern darum bitten, daß Jesus mich rettet.«

Er beugte den Kopf, und von seinen Lippen kam ein frohes, aber sehr ernsthaftes Gebet, als er nun sein Leben Jesus übergab. Plötzlich war der ganze Raum von Freude durchdrungen. Ich spürte, daß die Engel Gottes vom Himmel zu uns gekommen waren und um uns herumstanden – singend und Gott lobend.

»Danke, Herr«, betete ich, als ich die langen Treppen wieder hinabstieg, »daß du mich dazu gebracht hast, diese vielen Stufen hinaufzuklettern. Und das nächste Mal, lieber Herr, hilf Corrie ten Boom, auf ihre eigene Predigt zu hören und überall hinzugehen, wohin du sie schickst – und wenn es zehn Treppen hinaufgeht!«

Harte Zeiten

»... Er gebe euch in der Macht seiner Herrlichkeit viel Kraft, damit ihr in allem Geduld und Ausdauer habt« (Kol 1,11).

Ein Mädchen fragte mich einst: »Wie kann ich stark genug werden, um in Zeiten der Bedrängnis standhaft zu bleiben?« Ich antwortete: »Schau in die Bibel hinein! Gottes Wort macht viele praktische und ermutigende Aussagen zu diesem Thema. Es ist gut, wenn man solche Stellen auswendig lernt.«

Ein großer Teil der Gemeinde Jesu heute hat unter Verfolgungen zu leiden. Es ist gut, wenn man sich darauf einstellt. Bevor Jesus wiederkommt, um alle Dinge neu zu machen, wird noch eine Zeit kommen, wo seine Nachfolger die Wahrheit des Wortes in besonderer Weise erfahren: »In der Welt seid ihr in Bedrängnis; aber habt Mut: Ich habe die Welt besiegt.«

Der gute Kampf

»Wie uns nämlich die Leiden Christi überreich zuteil geworden sind, so wird uns durch Christus auch überreicher Trost zuteil« (2 Kor 1,5).

Oft habe ich Leute sagen hören: »Schaut doch, wie gut Gott ist: Wir haben um schönes Wetter für unseren Gemeindeausflug gebetet, und nun seht, welch wundervollen Sonnenschein er uns geschenkt hat!« Ja, Gott ist gut, wenn er uns schönes Wetter schickt. Aber Gott war auch gut, als er zuließ, daß meine Schwester Betsie vor meinen Augen in einem deutschen Konzentrationslager verhungerte.

Ich erinnere mich an eine Situation dort, in der ich sehr entmutigt war. Alles um uns herum schien in Finsternis getaucht zu sein. Und dunkel war es auch in meinem Herzen. Ich erwähnte Betsie gegenüber, es schiene mir, als ob Gott uns vergessen hätte.

»Nein, Corrie«, sagte Betsie, »das hat er ganz bestimmt nicht! Denk an sein Wort: ›Denn so hoch der Himmel über der Erde ist, so hoch ist seine Huld über denen, die ihn fürchten‹« (Ps 103,11).

Der Herr nimmt uns in seiner Liebe an wie wir sind, und wenn wir ihm gehorchen, will er durch uns wirken, wie die Umstände auch immer aussehen mögen.

In Rußland war ich einst sehr beeindruckt von einer Frau, die den Sinn ihres Lebens darin sah, auf ihrer Schreibmaschine christliche Bücher abzutippen. Sie war weitgehend gelähmt – nur einen Finger konnte sie noch bewegen. Das bedeutete, ans Bett gefesselt zu sein. Neben ihr stand auf einem kleinen Tischchen eine alte Schreibmaschine. Trotz dieser beschwerlichen Umstände hatte sie schon viele christliche Bücher abgeschrieben. Sie war sehr begabt und hatte auch viel gelesen. Unter anderem hatte sie meine Bücher übersetzt und weitergegeben.

Oft sagen wir, daß uns die Zeit und die Kraft fehle, um für den Herrn zu arbeiten. Als ich diese Frau sah, war ich tief beschämt. Obwohl sie nur einen einzigen Finger bewegen konnte, verbrachte sie viele Stunden des Tages mit Maschinenschreiben, um das Evangelium auszubreiten!

Der Herr möchte jeden von uns brauchen, wenn wir nur gehorsam sind und im Zentrum seines Willens bleiben. Vielleicht denken Sie: Dazu habe ich nicht genug Glauben! Hudson Taylor, der große China-Missionar, erklärte einmal: »Wir brauchen keinen großen Glauben, wir brauchen nur den Glauben an einen großen Gott.« Und Jesus sagte, daß wir mit einem Glauben, der nicht größer als ein Senfkorn sei, sogar Berge versetzen könnten!

Als der Gefängnisaufseher in Philippi Paulus und Silas fragte: »Was muß ich tun, um gerettet zu werden?«, antworteten sie: »Glaube an Jesus, den Herrn, und du wirst gerettet werden . . .« (Apg 16,30). Durch einen solchen Schritt werden wir Gottes Kind. Wir stehen in dem Augenblick auf der Seite des Herrn, in dem wir durch die Tür des Glaubens eintreten.

Das ist der große Anfang im Kampf des Glaubens. Wollen wir unseren Standort behaupten, dann kommen wir nicht ohne die Waffenrüstung Gottes aus. Das gilt auch, wenn es bei uns nur zu einem Stillstand gekommen ist. Doch es ist ein siegreicher Kampf. Der Herr macht uns die Tore seines reichen Schatzhauses weit auf. Er fordert uns auf, im Glauben einzutreten und uns ohne Hemmungen zu bedienen.

Gott will uns segnen. Durch den Heiligen Geist ist uns ein Ozean der Liebe Gottes erschlossen (s. Röm 5,5). Es gibt genug davon für jeden einzelnen. Möge Gott es Ihnen schenken, daß Sie niemals Zweifel hegen an dieser sieghaften Liebe, wie immer sich ihre Situation auch gestalten mag!

Ewiges Leben

»... weder Gewalten der Höhe oder Tiefe noch irgendeine andere Kreatur können uns scheiden von der Liebe Gottes, die in Christus Jesus ist, unserem Herrn« (Röm 8,39).

In der äußersten Ecke, die auf dem Deck eines Frachters zu finden war, entdeckte ich ein Plätzchen, wo ich allein sein konnte.

Ich lehnte mich über die Reling und schaute aufmerksam auf die silberne Heckwelle, die unser Schiff auf der Oberfläche der See hinterließ. Delphine sprangen aus dem Wasser. Sieben Seemöwen umkreisten das Schiff. Sie würden uns so lange folgen, bis wieder Land in Sicht wäre.

Ich geriet ins Nachsinnen. Welch eine Nußschale war doch unser Schiff, verglichen mit der unendlichen Weite des Meeres! Und welch kurzlebige, unbedeutende und vergängliche Kreatur bin ich selbst! Zwischen Geburt und Tod darf ich eine Weile auf dieser Erde leben, und danach ... kommt die Ewigkeit.

Wo bin ich eigentlich?

Hier, an Bord eines kleinen Schiffes, tief, tief unter mir das Meer, voll geheimnisvollen Lebens.

Über mir dehnt sich der unendliche Himmel, in dessen Weiten sich vielleicht schon ein Sturm zusammenbraut, der dieses kleine Schiff zerbrechen lassen könnte. Und um mich herum die endlose Wasserwüste, in der schon so manch einer ertrank ...

Wo bin ich eigentlich wirklich?

Ich lebe in einer Welt, wo Dämonen herrschen, wo Kriege geführt werden, wo Millionen Menschen den Hungertod sterben, wo Städte in Ruinen verwandelt und wo Atombomben in ihrer zerstörerischen Wirkung von Wasserstoffbomben sogar noch übertroffen werden.

Wo bin ich im tiefsten Grunde?

Ich lebe in einer Welt, die Gott so sehr liebte, »daß er seinen einzigen Sohn hingab, damit jeder, der an ihn glaubt, nicht zugrunde geht, sondern das ewige Leben hat« (Joh 3,16).

Ich lebe auf einer Erde, auf die er bald wiederkommen wird, *er,* der versprochen hat: »Siehe, ich mache alles neu« (Offb 21,5).

Eines Tages wird diese Erde, diese schöne Erde, »erfüllt sein von der Erkenntnis der Herrlichkeit des Herrn, so wie das Meer mit Wasser gefüllt ist« (Hab 2,14).

Aber wie läßt sich meine derzeitige Position ganz exakt beschreiben? Jetzt, in diesem Augenblick, bin ich in *ihm.* Und unter mir sind seine ewigen Arme.

Gepäckträger Nr. 42

»Kommt alle zu mir, die ihr euch plagt und schwere Lasten zu tragen habt. Ich werde euch Ruhe verschaffen« (Mt 11,28).

Das gemeinsame Gebet ist eine mächtige Waffe. Das habe ich im Konzentrationslager sehr oft erfahren. Es treibt Dämonen aus. Von den vielen Gebetskreisen, die ich in Amerika kennengelernt habe, ist mir besonders die Gruppe um den Gepäckträger Nr. 42 im Gedächtnis geblieben. Er war Neger, und ich traf ihn während meiner Reisejahre an seinem Stand im Hauptbahnhof von New York.

Die Sperren der Bahnsteige wurden immer erst zehn Minuten vor Abfahrt der Züge geöffnet. Die Gepäckträger hatten den Schlüssel zu den Toren. Dreimal in der Woche sammelte Ralston Crosby Young um die Mittagszeit seine Freunde und ein paar Neue – Leute aus allen Gesellschaftsschichten – vor einem dieser Tore. Wenn alle anwesend waren, schloß Gepäckträger Nr. 42 auf und führte die Gruppe ein paar Treppen hinunter zu einem leeren Zug, der an einem der Untergrundbahnsteige stand. In irgendeinem Abteil ließen sie sich nieder. Ralston sprach ein kurzes Gebet und las einen Abschnitt aus der Bibel vor. Dann erzählte er ein bißchen aus seinem Leben und von seiner Bekehrung und ermutigte andere, auch ein paar Worte zu sagen. Manche sprachen von ihren Schwierigkeiten, andere vom Sieg Christi in ihrem Leben. Und dann beteten einige von ihnen abwechselnd – kurz, kraftvoll.

Es war dunkel in dem Abteil und auf dem Bahnsteig, denn die Lichter wurden erst vor Abfahrt des Zuges eingeschaltet. Diese Leute kamen hier im Herzen von New York zusammen – jeder mit seinen Sorgen und Kämpfen und mit seiner Sehnsucht, Christus zu dienen. Gemeinsam suchten sie im Gebet neue Kraft. Sie trafen sich während der Mittagspause. Vielleicht war es nicht einmal etwas Besonderes, was sie zu bereden hatten, aber gemeinsam waren sie eine Weile Gott ganz nahe.

Einige Augenblicke später sah man eine Gruppe von Reisenden

über den Bahnsteig gehen. Jeder ging seines Weges – zu seinem Büro, in die Schule, in die Fabrik oder wo auch immer die Arbeit auf sie wartete. Gepäckträger Nr. 42 nahm die Koffer und Taschen einer alten Dame, die sich nicht zurechtfand und sich ängstlich umschaute. Sie fragte ihn irgend etwas, und dann hörte ich seine Antwort: »Beten Sie doch einfach!«

Haben Sie heute schon gebetet? Haben Sie Gott alles gesagt, was Sie bewegt? Er liebt Sie und versteht Sie. Es gibt nichts, das zu groß wäre, als daß er damit nicht fertig würde, und nichts, das zu klein wäre für seine Liebe.

Christus in uns

»... sie sollen in Liebe zusammenhalten, um die tiefe und reiche Einsicht zu erlangen und das göttliche Geheimnis zu erkennen, das Christus ist« (Kol 2,2).

Ein Millionär betete in jeder Zusammenkunft seiner Gemeinde um die Fülle des Heiligen Geistes. Einmal fragte ihn jemand: »Wissen Sie eigentlich, was das heißt? Dann muß der Heilige Geist nämlich auch von Ihrem Portemonnaie Besitz ergreifen.«

Vier Wochen lang betete der Mann nun nicht mehr um die Fülle des Geistes. Doch schließlich ging ihm auf, daß sein Geld ihn nicht glücklich machte und seinem Leben weder Erfüllung noch Frieden schenkte. Nachdem er nun wieder um den Heiligen Geist bat, gab der Herr ihm die Anweisung, sein Geld für die Arbeit im Reich Gottes einzusetzen. Und dann entdeckte der Mann, daß sein Leben nicht ärmer, sondern sogar noch reicher geworden war, als er dem Heiligen Geist die Herrschaft in seinem Leben eingeräumt hatte.

Hudson Taylor sagte: »Gott gibt seinen Geist nicht denen, die sich danach sehnen, und auch nicht denen, die darum beten oder ständig davon erfüllt sein möchten. Er gibt den Heiligen Geist denen, die ihm gehorchen.« In der Tat bedeutet »Fülle des Heiligen Geistes«, sein Leben um Christi willen zu verlieren (s. Lk 9,24) und es auf diese Weise zutiefst zurückzugewinnen.

Es gibt Leute, die denken, daß das doch eine sehr edle Corrie ten Boom sein muß, die es fertigbringt, in Deutschland zu arbeiten und denen zu vergeben, die dort so grausam mit ihrer Familie umgegangen sind und sogar den Tod ihrer Schwester verursachten. Doch solche Menschen haben nicht begriffen, daß ich ohne Jesus Christus niemals in der Lage gewesen wäre, den Deutschen zu helfen und sie zu lieben. Wenn Jesus uns sagt, daß wir unsere Feinde lieben sollen, stellt er selbst uns die Liebe zur Verfügung, die er von uns verlangt. Solange wir diese Feindesliebe nicht praktizieren, haben wir die Liebe noch nicht erreicht, von der

Jesus sprach. Das ist mehr als nur sich bis zum Äußersten mühen, gut zu sein. In Wirklichkeit sehnt sich Gott danach, uns Anteil am Reichtum seiner Herrlichkeit zu geben (s. Eph 1,18). Er ist der einzige, der uns die Kraft schenken kann, die wir brauchen, um so zu sein, wie er uns haben will.

Jesus klopft an die Tür unserer Herzen. Wenn wir ihm öffnen, beschenkt er uns mit seiner Freude, der Fülle des Heiligen Geistes und der Liebe Gottes.

Gottes Schatzhaus

»Mein Gott aber wird euch durch Christus Jesus alles, was ihr nötig habt, aus dem Reichtum seiner Herrlichkeit schenken« (Phil 4,19).

Wenn die Verfasser des Neuen Testamentes den Reichtum beschreiben, den wir in Jesus Christus haben, benutzen sie oft die Vorsilbe »un«: »*un*sagbare Freude« (s. 1 Petr 1,8), »*un*ergründlicher Reichtum« (s. Eph 3,8), »*un*faßbares Geschenk« (s. 2 Kor 9,15). Es scheint, als ob sie keine rechten Worte fänden, um die ganze Fülle, den Überfluß zu schildern, den der Herr uns schenkt.

Ich denke, das liegt daran, daß der Hintergrund der Verheißungen Gottes himmlischer Natur ist. Da wir aber nicht im Himmel, sondern noch auf der Erde leben, handelt es sich sozusagen um »irdische Ausgaben« der himmlischen Schätze Jesu Christi. Und sie gehören uns unter allen und jeden Umständen!

Sein ganzer Reichtum ist für uns da – nicht, damit wir ihn bewundern, sondern damit wir ihn nehmen und festhalten. Der Antichrist ist auf dem Vormarsch und zieht seine Streitmacht auf der ganzen Welt zusammen. Doch wir stehen auf der Seite Jesu und dürfen all seine Verheißungen in Anspruch nehmen.

Allzuoft aber gleichen wir Menschen, die vor dem Schaufenster eines Juwelierladens stehen und die kostbaren Auslagen bewundern. Wir denken nicht daran, hinzugehen, das Geld dafür auf die Theke zu legen und dadurch die schönen Uhren, die herrlichen Ringe und Armbänder zu unserem Besitz zu machen. Lieber gehen wir weiter. – Durch Jesus sind die größten und kostbarsten Verheißungen Gottes für uns in greifbare Nähe gerückt!

In meinem Buch »Plenty for everyone« erzähle ich eine Parabel von F. B. Meyer. Darin wird ein großartiger Palast geschildert, der für jeden offen steht, der zu Jesus gehört. Er beherrscht den Eingang zu diesem Schloß. Wenn wir unsere Hand in die seine legen, führt er uns von Zimmer zu Zimmer.

Der erste Raum trägt die Aufschrift »Wiedergeburt«: »... wenn jemand nicht von neuem geboren wird, kann er das Reich Gottes nicht sehen« (Joh 3,3).

Vor dem zweiten Raum hängt das Schild »Gewißheit der Erlösung«: »... damit ihr wißt, daß ihr das ewige Leben habt, denn ihr glaubt an den Namen des Sohnes Gottes« (1 Joh 5,13).

Der dritte Raum weist auf die Übergabe des Willens hin: »Deinen Willen zu tun, mein Gott, macht mir Freude« (Ps 40,9). Manchmal scheint uns dieser Weg so hart und schwer zu sein, daß wir bitten müssen: »Herr, mache mich bereit, dir meinen Willen unterzuordnen.«

Über dem Eingang zum vierten Raum heißt es: »Völlige Hingabe«: »Ihr wißt ... daß ihr nicht um einen vergänglichen Preis losgekauft wurdet ... sondern mit dem kostbaren Blut Christi ...« (1 Petr 1,19).

Am Eingang zum fünften Raum steht: »Fülle des Heiligen Geistes«: »... laßt euch vom Geist erfüllen« (Eph 5,18). Haben Sie schon den Heiligen Geist empfangen? Hat der Heilige Geist Sie schon für sich gewonnen? Manche denken, daß dieser Geist nur etwas für eine Art christlicher »Elite« wäre. Doch das stimmt nicht; er ist für jedes einzelne Kind Gottes vorgesehen.

Der sechste Raum trägt die Inschrift »Bleiben in Christus«: »... bleibt in ihm, damit wir, wenn er erscheint, die Zuversicht haben und bei seinem Kommen nicht zu unserer Schande von ihm gerichtet werden« (1 Joh 2,28).

Der siebte Raum heißt »Sieg über die Sünde«: »Gott aber sei Dank, der uns den Sieg geschenkt hat durch Jesus Christus, unseren Herrn!« (1 Kor 15,57). Jedes Kind Gottes ist zum Überwinder bestimmt!

Der achte Raum hat die Aufschrift »Ruhe des Herzens«: »Seit dem Tag ... hören wir nicht auf, inständig für euch zu beten, daß ihr in aller Weisheit und Einsicht, die der Geist schenkt, den Willen des Herrn ganz erkennt« (Kol 1,9). Der Friede in Gott ist unabhängig von unseren äußeren Umständen, er ist eine vertrauensvolle, sieghafte, persönliche Beziehung zum Herrn.

Wenn wir im ersten Raum stehen bleiben, das heißt, wenn wir uns mit der Wiedergeburt zufriedengeben, mögen wir zwar glücklich über unsere eigene Erlösung sein, aber das ist ja erst der

Anfang dessen, was Gott uns an Schätzen zu bieten hat. Er möchte uns noch soviel mehr schenken! In der Bibel wird davon gesprochen, daß ein Königreich aufgerichtet werden soll.

Wenn Jesus in unseren Herzen regiert, steht uns die notwendige Kraft zur Verfügung, um an diesem Reich mitzubauen. Führen wir dagegen ein Bettlerleben, sind wir unglücklich und können uns nicht freuen an den Schätzen, auf die wir doch ein gutes Recht haben. Geben Sie Gott die Chance, das zu vervielfachen, was er schenken will. Jedes Kind Gottes kann in allen diesen geistlichen Räumen gleichzeitig leben, weil Jesus lebt und die Tür zur Herrlichkeit Gottes ist.

Ohne Ihn kann ich nichts tun

»Wie die Rebe aus sich keine Frucht bringen kann, sondern nur, wenn sie am Weinstock bleibt, so könnt auch ihr keine Frucht bringen, wenn ihr nicht in mir bleibt« (Joh 15,4).

Es war so anstrengend, mich beim Schlingern des Schiffes am Bettpfosten meiner Kajüte festzuhalten, daß ich mich mit einem Seil an meiner Matratze festband. Ich war der einzige Passagier an Bord des Frachters und mußte meine Kabine mit dem Kreiselkompaß teilen. Ich bin ein schlechter Seefahrer und empfinde Schiffsreisen als regelrechte Anfechtung. Plötzlich schleuderte eine Riesenwelle ihre Wassermassen gegen den Schiffskörper, und dann hörte ich einen fremden Laut. Der Kreiselkompaß surrt im allgemeinen Tag und Nacht, aber nun war da etwas kaputtgegangen, und ein besonderes Geräusch erfüllte den Raum. Einer der Schiffsingenieure kam herein, um den Kompaß zu reparieren.

»Ist der Sturm schlimm?« fragte ich.

»Nein, wieso? Das ist noch gar nichts. Warten Sie mal, bis wir Windstärke 14 haben; dann werden Sie wissen, was Schlingern ist!«

Wie um seine Worte zu widerlegen, warf in diesem Augenblick eine große Welle das Schiff auf eine Seite. Ich hörte das Scheppern von Porzellan, und alles, was nicht sicher befestigt war, rutschte in der Kabine von einer Seite auf die andere.

Am nächsten Morgen hatte sich der Sturm gelegt. Ich stieg zur Brücke hinauf und suchte nach dem Kapitän. Nach einem Schwätzchen über das Wetter sagte ich: »Kapitän, heute ist Sonntag. Könnten wir einen Gottesdienst haben?«

»Was? Einen Gottesdienst auf meinem Schiff? Das wäre der erste in meinem Leben!«

»Dann ist es höchste Zeit, Sir«, erwiderte ich mit einem Lächeln.

»In Ordnung! Sie können die Messe haben. Ich habe nichts gegen diese Idee.«

Eigenhändig schrieb er ans Schwarze Brett, daß um 11 Uhr an

diesem Morgen im Messe-Raum ein Gottesdienst stattfände. Zur festgesetzten Zeit erschien niemand. Der Schiffsjunge brachte mir eine Tasse Kaffee. Es war ein holländisches Schiff, und der Schiffskoch wußte, daß die Tasse Kaffee um 11 Uhr morgens zu unserer Tradition gehörte.

»Willst du hierbleiben?« fragte ich den Jungen. »Ich könnte dir eine interessante Geschichte erzählen.«

»Auf diesen Unsinn kann ich verzichten«, meinte der Junge. »Ich möchte mit der Bibel und all dem Kram von Gott nichts zu tun haben.« Er tat sehr überlegen und ließ mich dann allein.

Niemals hatte ich eine so leere Kirche gesehen – eine Tasse Kaffee und ich, das war alles. In mir brannte durchaus kein Feuer der Begeisterung für die Sache des Herrn, sonst wäre ich jetzt wohl auf die Brücke gegangen und hätte gesagt: »Kommen Sie, meine Herren, Sie müssen mir helfen, die Messe zu füllen. Schikken Sie mir Ihre Männer!« Ich tat nichts dergleichen, sondern suchte meine Kabine auf und überließ mich der Seekrankheit, die mich schwer gepackt hatte. Daran änderte sich auch die ganze folgende Woche nichts.

Wieder war Sonntag. Ich fühlte mich entmutigt und beschämt. »Herr«, sagte ich, »ich bin keine Missionarin. Laß mich wieder in mein Uhrengeschäft gehen. Ich bin es nicht wert, dein Werk zu treiben.«

In diesem Augenblick fand ich in meiner Bibel einen kleinen Papierstreifen, der mir noch nie besonders aufgefallen war. Darauf stand:

»Feige, launisch und schwach –
ich ändere mich wie das Wetter.
Heute bin ich begeistert und stark,
morgen wage ich keinen Versuch.
Doch er gibt niemals auf!
Darum gewinnen wir den Kampf:
Jesus und ich!«

Augenblicklich sah ich den Grund meines Versagens. Ich selbst war es wirklich nicht wert, meine Hand an sein Werk zu legen. Die Rebe kann ohne den Weinstock keine Frucht hervorbringen. Doch durch Christus, der mir die Kraft dazu gibt, vermag ich alles. Weder die stärkste noch die schwächste Rebe taugt zu irgend etwas ohne den Weinstock, aber in der Verbindung mit ihm sind beide von völlig gleicher Art.

Ich ging wieder zur Brücke hinauf. »Kapitän, es ist Sonntag. Können wir einen Gottesdienst haben?«

»Noch einmal? In einer Kirche, die so leer ist wie am letzten Sonntag?« fragte er etwas spöttisch.

»Nein, Kapitän, nicht leer, sondern voll. Und Sie müssen mir helfen!«

Er tat es, und ich fand zehn Männer in der Messe vor. Als ich mit meiner Predigt zu Ende gekommen war, meinte der Schiffsjunge: »Es war überhaupt nicht langweilig!«

Er brachte das Wort: Jesus

»Er muß wachsen, ich aber muß kleiner werden« (Joh 3,30).

Der indische Christ Sadhu Sundar Singh wurde einst gefragt, ob die Ehrungen, die seine Freunde ihm zuteil werden ließen, ihm etwas bedeuteten. Er antwortete:

»Als Jesus in Jerusalem einzog, breiteten viele Leute ihre Kleider vor ihm aus und streuten Palmenzweige auf den Weg, um ihn zu ehren. Jesus ritt, wie schon die Propheten vorausgesagt hatten, auf einem Esel. Daher berührten seine Füße den für ihn mit Kleidern und Zweigen geschmückten Weg gar nicht. Statt dessen gingen die Hufen des Esels darüber hinweg. Trotzdem wäre es ziemlich dumm gewesen von dem Esel, wenn er sich deshalb für eine bedeutende Persönlichkeit gehalten hätte. Das Tun der Leute galt ja gar nicht ihm.

Genauso dumm wären Menschen, die die gute Nachricht von Jesus verbreiteten und deswegen für sich selbst Ehrungen erwarteten. Die Ehre gehört nur Jesus.«

Je mehr Menschen diesen geistlichen Mann nach seinen Gottesdiensten aufsuchten, desto mehr zog er sich von der Menge zurück, um in der Stille auf Gott hören zu können. Keine Sensation, keine Show! Er brachte ihnen das lebendige Wort – Jesus!

Sind Sie ein freier Mensch?

»Wenn euch also der Sohn befreit, dann seid ihr wirklich frei« (Joh 8,36).

Die Ursache für unsere Unfreiheit liegt oft in unserer Vergangenheit:

- in einer Sünde, der wir uns hingaben
- bei der Frage der Vergebung von Menschen oder gegenüber Menschen, zu denen wir eine Beziehung hatten bzw. noch haben
- in der Bindung an »schlechte« Menschen
- in einer falschen Bindung an »gute« Menschen.

Sünde, die wir begingen

Unsere Sünde wird uns von zwei verschiedenen Aspekten her deutlich:

1. Satan ist der Ankläger der Heiligen (s. Offb 12,10). Er zeigt uns unsere Sünde und treibt uns damit zur Verzweiflung. »So seid ihr nun mal«, hält er uns vor, »und da gibt es keinerlei Hoffnung auf eine Wandlung.«

2. Der Heilige Geist zeigt uns unsere Sünde im heiligen und segensreichen Flutlicht des am Kreuz vollbrachten Erlösungswerkes. Er vermittelt uns die Gewißheit, daß Jesus für unsere Sünde starb, die Strafe trug und nun als der Lebendige den festen Willen hat, uns zu Überwindern zu machen. Er reinigt uns mit seinem Blut und schenkt uns den Sieg in allem Streit. Wir gewinnen den Kampf durch das Blut des Lammes und das Wort unseres Zeugnisses (s. Offb 12,11). Jesus ist die Antwort auf das Urteil über uns, und durch den Heiligen Geist sind wir in der Lage, dem Ankläger gegenüber die Ohren zu verschließen.

Vergebung von oder für Menschen, zu denen wir eine Beziehung hatten bzw. noch haben

Ich erlebte das große Wunder, daß ich den Mördern meiner heißgeliebten Angehörigen vergeben konnte. Ich beanspruchte dabei Römer 5,5 für mich: ». . . die Liebe Gottes ist ausgegossen in unsere Herzen durch den Heiligen Geist . . .« Auf den Boden eben dieses Versprechens müssen wir uns stellen, wenn wir zur Vergebung fähig sein wollen. Warten Sie niemals darauf, daß andere Sie um Vergebung bitten!

Bindungen an »schlechte«, uns negativ beeinflussende Menschen

Wie gern benutzt der Feind gerade solche menschlichen Beziehungen! Es gibt dann nur den Weg, ungute Freundschaften in der Kraft Jesu Christi abzubrechen. Wir können niemals für sein Kommen bereit sein, wenn wir nicht mit Gott und Menschen in Ordnung sind.

Falsche Bindungen an »gute« Menschen

An dieser Stelle mußte auch ich lernen. Da gab es ein Werk zu tun, das von meiner Schwester Betsie angeregt worden war, die im Konzentrationslager starb. Sie hatte mir den Auftrag gezeigt, den ich nach dem Krieg erfüllen sollte. Doch ich mußte diese Aufgabe aus der Hand geben und wurde sehr traurig darüber. Eine regelrechte Depression befiel mich. Eine Schwester im Herrn machte mich darauf aufmerksam, daß auch die Bindung an einen schon heimgegangenen Menschen unrecht sein konnte. Im Namen Jesu wurde ich davon frei, und der Herr schenkte mir wieder großen Frieden.

Ein Garten des Herrn

»Denn wir sind Gottes Mitarbeiter; ihr seid Gottes Ackerfeld, Gottes Bau ...« (1 Kor 3,9).

Wenn man wie ich schon ein bißchen älter ist, denkt man oft an frühere Zeiten zurück. Vor etwa siebzig Jahren kursierte unter holländischen Christen die Redewendung »Vergeßt Spurgeon nicht!«. Spurgeon war ein englischer Evangelist jener Zeit, der viele Bücher schrieb. Oft kommt mir, wenn ich mich an meinem Garten erfreue, eine Stelle aus seinen Schriften ins Gedächtnis, und zwar eine Art Gebet:

»Oh, was ist es um die Seele, die sich in den Händen des himmlischen Gärtners befindet; wenn sie nicht Wüste ist, sondern ein Garten des Herrn! Die Gnade bildet die schützende Mauer rundum, der Herr gibt Anleitung zum Pflanzen, die Liebe überflutet ihn, himmlische Zucht jätet das Unkraut daraus, und göttliche Macht bewacht ihn. Eine Seele, die unter einer solchen Pflege wachsen kann, ist in der Lage, Früchte zur Ehre des Herrn hervorzubringen.«

Ist das nicht etwas Wundervolles? Haben Sie jemals Ihr Leben als einen Garten Gottes angesehen? Wenn wir Jesus Christus als unseren Erlöser annehmen, wird jeder einzelne von uns im gleichen Augenblick zu einem »Garten des Herrn«. Wie Spurgeon sagte: »Nicht eine Wüste, sondern ein Garten unter den Kulturanweisungen und -maßnahmen des himmlischen Gärtners.«

Natürlich gibt es Tage ohne Sonnenschein, wo nichts zu wachsen scheint. Unsere geistlichen Regungen sind blockiert, innerlich fühlen wir uns wüst und leer. Wenn solche Angriffe kommen, dann denken Sie daran, daß der Kampf eines Christen nicht gegen »Fleisch und But« geht, sondern gegen die unsichtbaren Mächte der Finsternis. Satan müht sich, uns aus der Nähe des Gottessohnes wegzuziehen, dem einzigen Platz, an dem wir geistlich gedeihen können. Die Bibel sagt es sehr deutlich, daß der Satan immer unser Verkläger sein wird. Aber er ist ein Lügner! Lügen ist seine Hauptbeschäftigung.

Gottes Wort gibt uns eine Verheißung, die uns in eine ganz andere Richtung weist: ». . . wo jedoch die Sünde mächtig wurde, da ist die Gnade übergroß geworden« (Röm 5,20). Das meinte Spurgeon, als er sagte, daß unser Garten von einer Mauer der Gnade umgeben sei.

Mein Garten hier hat einen hölzernen Zaun. Die Blumen, Sträucher und anderen Pflanzen »akzeptieren«, daß sie ihren Platz innerhalb des Zaunes haben. Hier können sie wachsen.

Die Antwort auf Ihre und meine Sünde steht in 2. Korinther 12,9: »Meine Gnade genügt dir; denn sie erweist ihre Kraft in der Schwachheit.« Gottes Gnade, die uns in die Gemeinschaft seines Sohnes hineinruft, werden wir in unserem ganzen Leben niemals recht begreifen, wir können sie aber akzeptieren.

Unser natürliches Leben drängt uns – wenn wir uns darauf beschränken –, uns von der intensiven Fürsorge unseres Erlösers zu entfernen. Nur von sich selbst erfüllt zu sein, das zerstört den Boden unseres geistlichen Gartens. Jesus sagt sehr klar, daß der eigene Weg zu Ende sein muß. Um unseres Retters willen müssen wir unser Leben loslassen, dann werden wir seine Macht in ihrer ganzen Größe erfahren.

Heißt das, daß unser Ich sterben muß? Ja. Viele Blumen meines Gartens wurden im Herbst als Samen in die Erde gelegt. In gewisser Weise mußten auch diese Samen sterben, um all der Schönheit den Weg zum Leben freizumachen.

Der Heilige Geist sagt uns niemals, daß wir selbst stark seien oder daß wir alles oder auch nur einiges durch positives Denken erreichen könnten. Das sind Schwärmereien menschlicher Phanthasie. Der Heilige Geist erklärt uns vielmehr, daß wir aus uns selbst gar nichts sind. Wir gleichen leeren Handschuhen, in die eine Hand hineinschlüpfen muß – und diese Hand ist der Heilige Geist. Freude erfüllt uns, wenn wir uns dem Herrn ausliefern. Er schafft es, daß aus unserer Wildnis sein herrlicher Garten wird. In Ihrem Leben soll ein Stück seines Königreichs sichtbar werden. Erwarten Sie aber bitte nicht, daß der Gärtner Ihnen seine ganze Hilfe zuteil werden läßt, solange Sie nicht vollständig von ihm abhängig geworden sind!

Wenn der Geist willig ist, aber . . .

». . . die Liebe Gottes ist ausgegossen in unsere Herzen durch den Heiligen Geist, der uns gegeben ist« (Röm 5,5).

Als Betsie und ich vor dreißig Jahren im Konzentrationslager zum Appell gingen, sahen wir oft Leute aus anderen Baracken. Leider konnten wir nie nahe genug an sie herankommen, um ihnen von Jesus zu erzählen. Doch beteten wir ständig für sie, da jeden Tag viele von ihnen starben.

Jahre später traf ich eine Dame, für die ich damals auch Fürbitte getan hatte. Sie sandte mir einen Bericht über ihr ganzes Schicksal zu. Nachdem ich ihn gelesen hatte, wußte ich, daß sie den einen nicht kannte, der allein ihr Leben völlig neu gestalten konnte. Sie besuchte einen Gottesdienst, den ich zu halten hatte. Hinterher sprach sie mich an und meinte: »Ich hatte keine Ahnung, daß es so etwas gibt wie das, von dem Sie gesprochen haben. Sie müssen einen sehr großen Glauben haben!«

»Nein«, antwortete ich, »ich habe keinen großen Glauben, doch wenn er auch nicht größer ist als ein Senfkorn, sagt mein Herr Jesus, dann genügt das. Ich glaube aber an einen großen Gott!«

»Ich wünschte, ich hätte ein bißchen von Ihrer Freude und Ihrem Frieden«, erwiderte sie. »Ich kann den Menschen nicht vergeben, die mich so grausam behandelt haben.«

Ich sagte ihr, daß sie Freude und Frieden haben könne, daß sie Jesus nur zu bitten brauche, in ihr Leben hineinzukommen. Nachdem ich ihr den Weg dazu gezeigt und mit ihr gebetet hatte, nahm sie Jesus als ihren Herrn an.

Wie sehr liebe ich Römer 5,5! Immer wieder habe ich Gelegenheit, diesen Vers anzuwenden. Ich sprach auch mit jener Dame darüber. Sie betete: »Danke, Herr Jesus, für Römer 5,5 – daß du durch den Heiligen Geist auch in mein Herz die Liebe Gottes hineingebracht hast. Danke, lieber Vater im Himmel, daß deine Liebe den Sieg über meinen Haß davonträgt.«

Ich wußte, daß der Herr dieses Wunder vollbringen und ihr den

Geist der Vergebung für diejenigen schenken würde, die ihr ihre Familie genommen hatten. Mit der gleichen Liebe können auch Sie , meine Freunde, anderen vergeben. Ihre eigene Liebesfähigkeit reicht zwar nicht so weit, aber die Liebe Gottes steht uns jederzeit zur Verfügung. Es ist ein Akt des Willens, sich diese unfaßbare Liebe zu eigen zu machen. Welch eine Freude kann daraus entstehen!

Der Herr öffnet die Tore und macht Gefangene frei – nicht nur die Menschen hinter eisernen Türen, sondern auch die Gefangenen der Sünde, die Gefangenen von Gebundenheiten. Johannes 8,36 sagt uns: »Wenn euch also der Sohn befreit, dann seid ihr wirklich frei.«

Sagen Sie, sind Sie wirklich frei? Wenn nicht – Jesus kann Sie dahin bringen. Legen Sie Ihre schwache Hand in seine starke. Er hat gesagt: »Kommt alle zu mir, die ihr euch plagt und schwere Lasten zu tragen habt. Ich werde euch Ruhe verschaffen.«

Es gibt Augenblicke, in denen ich todmüde bin. Kennen Sie dieses Gefühl auch? Eines Tages glaubte ich, daß nun alles zu Ende sei. Ich begann mich über all die Reisen, die Korrespondenz und viele anderen Dinge zu ärgern. An jenem Morgen lag ich im Bett und sprach die Sache mit dem Herrn durch. Er zeigte mir nun durch den Heiligen Geist, daß ich mich mit dieser Verstimmung der Sünde hingegeben hatte. Ich fing an, mit ihm darüber zu diskutieren. Doch dann fiel mir ein, daß Jesus eine Entschuldigung nicht vergeben konnte. Also bekannte ich meinen Ärger als Sünde und sagte dem Herrn, daß ich bereit sei, alles zu tun, was er von mir verlangte.

Meine Freude wurde unendlich groß, als ich später in Epheser 3,14–19 las: »Wenn ich über seine Weisheit nachdenke und das Ziel seiner Gedanken, dann falle ich auf meine Knie und bete zu dem Vater der ganzen großen Gottesfamilie (manche ihrer Glieder sind schon im Himmel, andere noch auf der Erde), daß er euch aus seinen herrlichen, unbegrenzten Quellen die innere Kraft seines Heiligen Geistes geben möge. Und ich bitte darum, daß Christus mehr und mehr in euren Herzen daheim sein und mit euch leben möge, in dem Maß, wie ihr ihm vertraut. Mögen eure Wurzeln tief in den Boden der wunderbaren Liebe Gottes hineinreichen, mögt ihr fähig sein, wie es bei Kindern Gottes sein sollte, zu und fühlen und zu verstehen, wie lang, wie breit, wie tief und wie hoch seine Liebe ist; und mögt ihr diese Liebe an euch selbst erfahren, obwohl sie so groß ist, daß ihr niemals ihr Ende absehen oder sie völlig erkennen und verstehen werdet. Auf diese Weise werdet ihr zuletzt von Gott selbst erfüllt sein« (frei übersetzt nach der von Corrie ten Boom angeführten Living Bible).

Diese Worte machten mir Mut, zu erkennen und darauf zu vertrauen, daß die unbegrenzten Quellen seiner Kraft auch für mich mehr als ausreichen würden. Ich begann Gott zu loben und ihm zu danken – und meine Müdigkeit verschwand.

An Gefangene

»Doch all das überwinden wir durch den, der uns geliebt hat . . .« (Röm 8,37).

Vor knapp vierzig Jahren wurden wir im Konzentrationslager Ravensbrück gefangengehalten. Manchmal geriet ich in dieser Zeit in Gefahr, daß Bitterkeit und Haß in meinem Herzen aufstiegen, wenn die Wächter gar so grausam zu meiner Schwester und mir waren. Damals lernte ich das Gebet:

»Danke für Römer 5,5. Danke, Herr Jesus, daß du durch den Heiligen Geist, der mir geschenkt worden ist, die Liebe Gottes in mein Herz hineingebracht hast. Danke, Vater, daß deine Liebe die Bitterkeit in mir und die Grausamkeit um mich herum besiegt.«

Nachdem ich dieses Gebet gesprochen hatte, erlebte ich das Wunder, daß in meinem Herzen kein Platz mehr für Bitterkeit war. Möchten Sie dieses Gebet auch lernen?

Wenn Sie ein Kind Gottes sind, haben Sie im Gefängnis eine große Aufgabe. Sie sind ein Botschafter des Herrn Jesus, des Königs aller Könige (s. 2 Kor 5,20). Er möchte Sie gebrauchen, um andere für ihn zu gewinnen. Das können Sie nicht? Ich auch nicht, aber Jesus kann es!

Die Bibel spricht vom Erfülltsein durch den Heiligen Geist (Eph 5,18). Wenn Sie in Ihrem Leben dem Heiligen Geist Raum geben, dann kann er durch Sie wirken, dann macht er Sie auch im Gefängnis zum Salz der Erde und zum Licht in der Finsternis.

Vergebung kann man lernen

»Denn wenn ihr den Menschen ihre Verfehlungen vergebt, dann wird euer himmlischer Vater auch euch vergeben. Wenn ihr aber den Menschen nicht vergebt, dann wird euch euer Vater eure Verfehlungen auch nicht vergeben« (Mt 6,14–15).

Es war in einer Kirche in München, als ich ihn wiedersah. Ein kahlköpfiger, untersetzter Mann in grauem Überzieher stand vor mir und zerdrückte einen braunen Filzhut zwischen seinen Händen. Die Leute hatten sich dem Ausgang des Kellerraumes zugewandt, in dem ich gerade gesprochen hatte. An den Reihen hölzerner Stühle entlang schoben sie sich dem Ausgang an der Hinterseite des Gebäudes zu.

Es war 1947. Ich war aus Holland gekommen, um dem besiegten Deutschland die Botschaft zu bringen, daß Gott Vergebung bereithält. Das war die Wahrheit, die dieses ausgebombte Land, in dem die Bitterkeit überhand zu nehmen drohte, vor allem hören mußte. Ich versuchte die Vergebung der Sünden zu illustrieren und tat das am Beispiel des Meeres. Vielleicht ist das Meer ohnehin niemals weit von der Seele eines Holländers entfernt. Jedenfalls dachte ich am liebsten daran, daß vergebene Sünde an diesem Ort auf ewig versenkt sei. »Wenn wir unsere Sünden bekennen«, sagte ich, »wirft Gott sie in den tiefsten Ozean, von wo sie niemals wiederkehren.«

Das ernste Antlitz starrte mich an. Es wagte meinen Worten nicht zu glauben. Im Deutschland des Jahres 1947 gab es nach einer Ansprache niemals Fragen. Die Menschen standen still auf, holten schweigend ihre Mäntel und verließen ebenso schweigend den Raum.

Und dann bemerkte ich ihn, wie er versuchte, sich gegen den Strom nach vorn zu drängen. Einen Augenblick sah ich den grauen Überzieher und den braunen Hut; dann tauchte in meiner Erinnerung eine blaue Uniform und eine Schirmmütze mit dem Totenkopfabzeichen auf. Schlagartig war alles wieder gegenwärtig: der große Raum mit seinen grellen Deckenscheinwerfern, der erschütternde Anblick der in der Mitte des Fußbodens sorgfältig aufgereihten Schuhe und Kleider, die Scham, an diesem Mann nackt vorbeigehen zu müssen. Vor mir sah ich meine gebrechliche Schwester; die Rippen stachen ihr fast durch die pergamentartige Haut. Betsie, wie dünn bist du geworden!

Betsie und ich waren verhaftet worden, weil wir in der Zeit der nationalsozialistischen Besetzung Hollands Juden in unserem Haus versteckt hatten. Dieser Mann war einer der Gefangenenwärter im Konzentrationslager in Ravensbrück gewesen, wohin man uns geschickt hatte.

Nun stand er vor mir und streckte die Hand aus: »Das war eine wunderbare Botschaft, Fräulein! Wie gut ist es, wenn man wissen darf, wie Sie es sagten, daß alle unsere Sünden auf dem Grund des Meeres liegen!«

Und ich, die ich so leichtzüngig über Vergebung gesprochen hatte, nestelte an meiner Geldbörse herum, statt seine Hand zu ergreifen. Er erinnerte sich offensichtlich nicht an mich. Wie konnte er auch! Eine einzelne Gefangene unter Tausenden von Frauen . . .

Doch ich erinnerte mich sehr wohl an ihn und an die Lederpeitsche, die von seinem Gürtel herabhing. Es geschah zum erstenmal seit meiner Freilassung, daß ich einem Wärter aus meiner Haftzeit von Angesicht zu Angesicht begegnete. Mein Blut schien zu erstarren.

»Sie erwähnten Ravensbrück in Ihrer Ansprache«, sagte er nun. »Ich war einer der Wärter in Ravensbrück.«

Nein, er erinnerte sich tatsächlich nicht an mich.

»Aber nach jener Zeit«, fuhr er fort, »bin ich Christ geworden. Ich weiß, daß Gott mir die Grausamkeiten vergeben hat, die ich dort verübt habe, aber ich möchte es auch aus Ihrem Munde hören. Fräulein« – wieder kam die Hand auf mich zu –, »wollen Sie mir auch vergeben?«

Da stand ich nun – ich, die es nötig hatte, sich jeden Tag aufs neue ihre Sünden vergeben zu lassen – und konnte es nicht tun. Betsie war an jenem furchtbaren Ort gestorben. Konnte er mit seiner Bitte ihren langsamen, schrecklichen Tod einfach auslöschen?

Es waren nicht viele Sekunden gewesen, wie er so mit ausgestreckter Hand dagestanden hatte. Doch mir schienen es Stunden zu sein, während deren ich mit dem Schwierigsten kämpfte, das mir je im Leben begegnet war.

Ich mußte es tun – das wußte ich. Die Botschaft von der Vergebung Gottes hat eine Vorbedingung: Wir müssen denen vergeben, die uns unrecht getan haben. »Wenn ihr den Menschen nicht vergebt«, sagt Jesus, »dann wird euch euer Vater eure Verfehlungen auch nicht vergeben« (Mt 6,14–15).

Ich kannte diese Aussage nicht nur als göttliches Gebot, sondern wußte aus täglicher Erfahrung, daß sie stimmte. Nach Kriegsende hatte ich in Holland ein Heim für Opfer des Naziregimes und seiner Brutalität gegründet. Diejenigen, die es fertigbrachten, ihren früheren Feinden zu vergeben, waren auch in der Lage, nach draußen, in die Welt, zurückzukehren und ihr Leben neu aufzubauen. Dabei spielte es keine Rolle, wie schwer ihre körperlichen Verletzungen gewesen waren. Wer von ihnen aber an seiner Bitterkeit festhielt, blieb für den Rest seines Lebens Invalide. So einfach und so schrecklich war diese Sache.

Noch immer stand ich da, ohne mich zu rühren. Eiseskälte griff nach meinem Herzen. Doch Vergebung hat nichts mit dem Gefühl zu tun – das wußte ich ebenso. Vergebung ist ein Akt des Willens. Und dieser funktioniert unabhängig von unserer Gefühlslage.

»Jesus, hilf mir!« betete ich im stillen. »Ich kann meine Hand erheben, ich kann dieses Schwere tun. Du wirst meinen Gefühlen nachhelfen!«

Und so legte ich mechanisch, steif wie ein Stück Holz, meine Hand in die ausgestreckte Hand, die mir entgegenkam. Und als ich das tat, passierte etwas ganz Unglaubliches: Das Blut begann mächtig in meinem Körper zu kreisen. Von der Schulter ging ein warmer Strom den Arm hinunter und in unsere ineinandergelegten Hände hinein. Und dann schien diese heilende Wärme mich ganz und gar zu überfluten. Tränen traten mir in die Augen.

»Ich vergebe Ihnen, Bruder«, weinte ich, »von ganzem Herzen!«

Einen langen Augenblick hielten wir gegenseitig unsere Hände fester, der frühere Aufseher, und ich die ehemalige Gefangene. Niemals zuvor ist mir Gottes Liebe so stark ins Bewußtsein gekommen wie in diesem Augenblick.

Die Last des anderen tragen

»Meine Gnade genügt dir; denn sie erweist ihre Kraft in der Schwachheit« (2 Kor 12,9).

Es ist so schön, um die Führung durch den Heiligen Geist zu wissen, wenn sich eine Gelegenheit für uns ergibt, anderen Menschen einen Rat geben zu müssen. Brauchen wir an dieser Stelle Hilfe, so dürfen wir die in Jakobus 1,5 gegebene Verheißung wie einen Scheck einlösen: »Fehlt es aber einem von euch an Weisheit, dann soll er sie von Gott erbitten; Gott wird sie ihm geben, denn er gibt allen Menschen gern und macht niemand einen Vorwurf.«

Einst hatte ich ein Gespräch mit einem Studenten, der an nervösen Spannungszuständen litt. Obwohl der Herr ein Wunder der Befreiung geschehen ließ, schien der junge Mann immer noch ziemlich zerstreut zu sein. Da brachte mich der Herr auf einen Gedanken:

»Wollen Sie etwas für mich tun?« fragte ich ihn. »Ich habe mit einem Problem zu kämpfen. Meine Gebetszeit wird immer wieder vom Feind attackiert. Sobald ich zu beten beginne, gehen mir alle möglichen Gedanken durch den Kopf, um mich abzulenken.

Es gab eine Zeit in meinem Leben, in der jedesmal unreine Gedanken in mir auftauchten, wenn ich mich aufs Beten konzentrieren wollte. Doch das ist vorbei. Jetzt sind es saubere, praktische Fragen, wie z.B.: Wann habe ich morgen zu sprechen? Wer kümmert sich um die Fahrt? Ist für Sonntag genug Gemüse da? Reichen die Kartoffeln? All das sind nützliche Erwägungen, aber sie hindern mich daran, meine Aufmerksamkeit ganz dem Gebet zuzuwenden. Wollen Sie für mich beten, daß der Herr mich frei macht und meine Stille Zeit unter seinen Schutz stellt?«

Er tat es, und seine Fürbitte hatte etwas Ungewöhnliches an sich: Sie war so hingegeben, so verständnisvoll und so erfüllt von Liebe. Er zeigte sich regelrecht bedrückt von meiner Last.

»Ich bin sicher, daß Sie eine besondere Gabe der Fürbitte haben«, sagte ich zu ihm.

»Das glaube ich auch«, war seine Antwort.

In diesem Augenblick sah ich, daß seine Zerstreutheit verschwunden war. Von diesem Tage an wurde er zu einem echten Gebetspartner für andere.

Als er für andere etwas tat, war er frei von seinem Ich mit all den Verwicklungen, die damit zusammenhingen. Und mein Gebetsleben war ebenfalls geheilt worden!

Eine andere Gabe des Heiligen Geistes entdeckte ich darin, daß er uns unsere Sünden offenbart. Auf meinen Reisen durch die Welt traf ich so manchen Christen. Dabei fand ich zwei verschiedene Verhaltensweisen gegenüber der Sünde. Einmal gab es da den leichten Weg: »Ich bin auch nur ein Mensch. Keiner ist vollkommen.« Daneben konnte man Menschen finden, die ständig unter der Last ihrer Sünden aus Vergangenheit und Gegenwart litten, denen gar nicht aufging, was das von Jesus am Kreuz vollbrachte Werk bedeutete.

In der Kraft des Herrn Jesus Christus stehen wir auf dem Boden des Siegers. Er hat uns aus dem alten, schlimmen Teufelskreis der Sünde und des Todes herausgeholt (s. Röm 8,2). Aus dem ewigen Auf und Ab des Sündigens, des Dagegenankämpfens und Überwindens, des wiederholten Sündigens, Kämpfens und Versagens hat Jesus uns in den von Gnade erfüllten Bereich der Reue, der empfangenen Vergebung und des Gereinigtwerdens durch sein Blut hineinversetzt (s. 1 Joh 1,7.9).

Der Teufel ist noch nicht pensioniert! Er ist im Gegenteil sehr aktiv. Doch in dem Segenskreis, in den Jesus uns gestellt hat, kann er keine Ansprüche mehr geltend machen. Wen Jesus frei gemacht hat, der ist wirklich frei. Aber um dieses sieghafte Leben zu führen, darf man das Bekennen der Sünden nicht auf die lange Bank schieben. Das Tor zur Buße ist weit offen. Halleluja!

Fischen verboten

»Meine Kinder, ich schreibe euch dies, damit ihr nicht sündigt. Wenn aber einer sündigt, haben wir einen Beistand beim Vater: Jesus Christus, den Gerechten« (1 Joh 2,1).

»Halleluja!« Händels Chor klang durch die Abendluft. »Halleluja! Und er wird regieren immer und ewig.«

Niemals hatte ich diesen Satz so vollkommen und in einer so schönen Umgebung singen hören. Es war in Japan. Am Himmel standen Mond und Sterne in einer solchen Klarheit, wie es nur in diesem Lande möglich ist. In weiter Ferne sahen wir sogar den weißen Gipfel des Fudschijama schimmern.

»Halleluja! Der Herr, der allmächtige Gott regiert!«

Auch »a capella«, ohne Instrumentalbegleitung, hatte ich den Satz noch nie gehört. Es war, als ob die Engel sängen.

Ich kannte die Mädchen aus dem Chor. Es waren Studentinnen, denen ich täglich Bibelarbeiten gehalten hatte in den letzten beiden Wochen. Nun strebten wir der gleichen Halle zu, in der ich Fragen beantworten sollte.

An jenem Abend hörte ich vor allem ihren Kummer wegen ihrer Sünden an. Ich betete darum, daß der Herr mir klare Antworten für sie geben möchte. Es waren Christen, aber wie wenig spürte man ihnen die Freude an über das Werk Jesu am Kreuz! Ich stellte ihnen eine Frage:

»Als ihr den ›Halleluja-Chor‹ einstudiertet, habt ihr noch Fehler gemacht?«

Die Mädchen kicherten. (Das tun Japanerinnen häufig.)

»Viele sogar.«

»Aber als ihr dann draußen in dieser japanischen Mondnacht gesungen habt, habt ihr bestimmt nicht mehr an die Fehler gedacht; sonst wären sie euch sicher erneut unterlaufen, nicht wahr? Schiebt es niemals auf, eure Sünden zu bekennen! Der Satan verklagt uns Tag und Nacht. – Ich will euch etwas erzählen. Am Sonntagmorgen habe ich in eurer Kirche gesprochen.«

»Ja, daran können wir uns noch gut erinnern. Sie haben uns viel gegeben, aber die Ansprache war zu kurz.«

»Ich hatte den gleichen Eindruck, und euer Pastor hatte mir auch eine längere Redezeit zugebilligt. Ich hatte ihn gebeten, da ich nur ein einziges Mal die Gelegenheit habe, in eurer Kirche zu sprechen, mir soviel Zeit wie möglich zu geben. Dafür sollte er die Einleitung etwas kürzer als sonst machen. Er versprach es zwar, hielt sich dann aber nicht daran. Der Gottesdienst hatte um 10 Uhr begonnen, und gegen 11 Uhr war er immer noch mit der Liturgie beschäftigt. In diesem Augenblick zeigte mir der Heilige Geist, daß ich sehr ungeduldig war. Ich wußte, daß Ungeduld Sünde war. Um 11 Uhr brachte ich also diese Sünde vor den Herrn und bat ihn um Vergebung. Wenn wir unsere Schuld bekennen, dann ist er treu und gerecht und vergibt uns und reinigt uns durch sein Blut.

Plötzlich erkannte ich, daß die Aussagen der Liturgie nicht nur ein Vorspiel des Gottesdienstes waren, sondern Wahrheiten, die der Herr zu seiner Ehre gebrauchte.

Warum habe ich euch nun die Uhrzeit so genau angegeben? Weil der Satan uns vor unseren eigenen Herzen und vor Gott anklagt. Vielleicht sagte er um 11.05 Uhr zu Gott: ›Siehst du Corrie ten Boom in deiner Kirche, wie ungeduldig sie ist?‹ Ich denke mir, daß Gott ihm antwortete: ›Das weiß ich bereits. Vor fünf Minuten hat Corrie es mir gesagt. Es ist schon vergeben und bereinigt.‹

Ihr Mädchen, sorgt dafür, daß ihr immer fünf Minuten früher dran seid als der Ankläger. Dann braucht ihr nie mehr wegen eurer Sünden beunruhigt zu sein. Jesus kam auf diese Erde, um Sünder zu retten. Er starb für euch, damit euch vergeben werden kann. Und nun lebt er für euch und in euch durch seinen Heiligen Geist, damit ihr ein sieghaftes Leben führen könnt. Wenn ihr Kummer habt wegen eurer Sünden, dann hat der Verkläger mit euch darüber gesprochen: ›Typisch, daß du immer wieder an dieser Ecke stolperst! Das ist einfach deine Natur. Das wird dein ganzes Leben lang so sein. Da gibt es keine Hoffnung!‹

Satan, der Verkläger, ist aber ein Lügner. Wenn der Heilige Geist euch von einer Sünde überzeugt, geschieht das immer im Flutlicht des von Jesus am Kreuz vollbrachten Werkes. Er sagt euch dann: Genau für diese Sünden starb Jesus. Bekenne sie und laß dich davon befreien.«

Erinnert ihr euch noch, was ich euch in der vergangenen Woche lehrte – was die Bibel über bekannte Sünde sagt? »So weit der Aufgang entfernt ist vom Untergang, so weit entfernt er die Schuld von uns« (Ps 103,12). Er wirft sie in die Tiefe des Meeres. Sie ist vergeben und vergessen, und um den Verkläger zu warnen, stellt er ein Schild auf: »Fischen verboten!«

Mädchen, statt euch Sorgen zu machen wegen eurer Sünden, singt doch lieber noch einmal: »Halleluja! König der Könige, Herr aller Herren!«

Es klang noch schöner als damals draußen. Aber diesmal sah ich glückliche Gesichter – einige sogar mit Tränenspuren.

Den Frieden Gottes erfahren

»Laßt ab und erkennt, daß ich Gott bin ...« (Ps 46,11).

In Corries dreiunddreißigstem Wanderjahr quer durch die Welt machte sie einige Erfahrungen, die einem nur sehr selten geschenkt werden. Als sie durch Indien reiste, hatte sie Gelegenheit, einen Ausflug auf dem Rücken eines Elefanten zu unternehmen. Nach der Rückkehr schrieb sie ihre Eindrücke nieder: Ich hatte immer die Vorstellung gehabt, daß der Dschungel gleichbedeutend sei mit abenteuerlichem Leben voller Bedrohungen und Überraschungen – ein richtiges Wildwesterlebnis. Natürlich töten wilde Tiere im Dschungel sich gegenseitig, und es ist ein ständiger brutaler Kampf ums Überleben. Aber ich habe auch eine ganz andere Seite kennengelernt:

Sehr früh morgens standen wir auf, nachdem wir in einem auf der Spitze eines Hügels im Dschungel gelegenen Waldbungalow übernachtet hatten. Um 5 Uhr starteten wir zu unserem Ausflug. Die Gruppe wurde auf die Rücken von zwei Elefanten verteilt.

Es war noch dunkel im Dschungel. Wir verhielten uns ruhig, da wir hofften, wilde Tiere zu sehen. Wenn sie Stimmen hören, bleiben sie auf Abstand. Und so war das Brechen der Zweige unter unseren Elefanten das einzige Geräusch.

Es war wie im Traum. Fern im Osten zog Helligkeit auf. Die wispernden Laute der Dämmerung schienen wie ein Atemholen des kommenden Tages. Die Vögel begannen zu singen und zu pfeifen. Es war ein ganz anderes Pfeifen, als ich es kannte. Der Dschungel erwachte ...

Langsam, sehr langsam ging es vorwärts durch den Urwald. Manchmal schnitten die Männer vor uns mit den Buschmessern Zweige ab, die uns hätten verletzen können. Alles um uns war so still, so voller Ruhe und Frieden.

Das war eine Natur, die Freude bereitete. Keine Hetze, kein Zeitdruck. In kurzer Entfernung von uns kam Rotwild vorbei. Die Tiere hatten keine Furcht vor uns; wir waren für sie ein Teil des

Dschungels geworden. Allmählich wurde es heller, und wir konnten die Affen hoch oben in den Bäumen erkennen, wie sie von einer Baumspitze zur anderen turnten – Einzelgänger, voller Mutwillen.

Der Himmel nahm nun im Osten eine wundervolle Färbung an. Ich fröstelte. Ich wurde an die eisige Kälte erinnert, die wir beim Appell im Konzentrationslager oft empfunden hatten. Damals erfuhr ich, daß die kälteste Zeit des Tages etwa zwanzig Minuten vor Sonnenaufgang ist.

Ich dachte über die große Veränderung in meinem Leben nach. Damals war ich eine Gefangene gewesen. Jetzt war ich frei, so frei, daß ich durch die ganze Welt reisen konnte – selbst durch einen indischen Dschungel. Ich fühlte mich so glücklich unter diesem spürbaren Segen Gottes in meinem Leben. Eine Art himmlische Freude erfüllte mein Herz. Ich dachte an die Zeit, in der die Sonne der Gerechtigkeit auf der Erde scheinen und das Land erfüllt sein würde »von der Erkenntnis des Herrn, so wie das Meer mit Wasser gefüllt ist« (Jes 11,9). Ich erlebte einen Vorgeschmack der Zeit, wenn Friede auf Erden sein würde, wie er bisher nur im Himmel zu finden ist.

Plötzlich, als die ersten Sonnenstrahlen durch die Baumwipfel schossen, regte sich das Leben im Dschungel. Wir sahen nun mehr Tiere. Zwei Männer, die geräuschlos vor uns herschlichen, gaben uns ein Zeichen zum Anhalten. Sie schauten auf die Fußspuren am Boden und flüsterten: »Büffel!« Die Elefanten blieben regungslos stehen. Dann sahen wir sie, eine Herde von zwanzig, dreißig, vielleicht sogar vierzig Büffeln. Sie hatten uns ebenfalls erblickt. Neugierig starrten sie in unsere Richtung und bewegten sich nicht.

Was würden sie tun? Ich sagte mir: Wenn sie näherkommen und uns einkreisen, verlieren die Elefanten die Ruhe und werfen uns ab. Doch es kam keine Panik in mir auf. Das alles war ja so natürlich und voller Frieden. Und selbst wenn etwas passieren würde, warum sollte ich mich fürchten? Das Beste kam ja noch!

Die Büffel wandten sich um und verschwanden. Bedächtig stampften die Elefanten in ein kleines, steiles Tal hinunter.

Es ist wundervoll, diesen riesigen Tieren zuzuschauen, wie sie so sicher auf dem schmalen Pfad dahingehen, auch dann noch, wenn es auf und ab geht. Sie erfühlen sich den Weg mit der Spitze ihres Rüssels.

Wie gut erinnere ich mich noch an diesen Dschungel! Wenn ich oft mitten im Lärm riesiger Städte steckte, wenn ich mich im Dschungel von »Times Square« in New York oder von »Ginza Nishu« in Tokio zurechtfinden mußte, dann war mir der Gedanke an diesen Morgen eine Hilfe. Daß es einen Dschungel gab mit einem Überfluß an Zeit, Ruhe und wunderbarer Natur und wo man es sich leisten konnte, nur zehn Kilometer in sechs Stunden vorwärtszukommen. Hier sahen unsere Augen mehr und sogen die Schönheit viel intensiver auf, als dies auf Reisen mit hoher Geschwindigkeit bei Tausenden von Auto- oder Flugkilometern möglich gewesen wäre.

Die Elefanten gingen in die Knie. Wir waren am Ende unseres Ausflugs angekommen. Ein paar schwarze Hände halfen mir freundlich auf den Boden. Ich fühlte mich so erfrischt, als ob ich zwei Wochen lang irgendwo Urlaub gemacht hätte.

Auf Jesus schauen

»In seiner Macht kann Gott alle Gaben über euch ausschütten, so daß euch allezeit in allem alles Nötige ausreichend zur Verfügung steht und ihr noch genug habt, um allen Gutes zu tun« (2 Kor 9,8).

In Deutschland sprach ich einst mit jungen Leuten über die Schätze, die wir in Christus Jesus besitzen. Deutsche sind meist zurückhaltend. Als ich zu einem Nachgespräch aufforderte, blieben nur sieben zurück. Doch bald war das Eis gebrochen.

Ein Mann erklärte: »Ich bin Atheist. *Sie* bewältigen Ihr Leben mit Jesus, *ich* schaffe es ohne ihn und werde genauso gut damit fertig.« Als er davon sprach, was er alles mit eigener Kraft erreicht hatte, erwiderte ich nicht allzuviel. Im Argumentieren bin ich nicht besonders stark. Im stillen betete ich für ihn, während ich zuhörte. Dann sagte ich: »Sollte jemals eine Zeit kommen, wo Ihre eigene Kraft nicht ausreicht, dann denken Sie an das, was Sie heute abend gehört haben.«

Dann meldete sich ein anderer junger Mann zu Wort. Er sagte: »Einst war ich ein Soldat Hitlers, jetzt bin ich ein Kämpfer für Jesus. Für mich ist die Bibel eine Aufzählung all dessen, was ich in ihm besitze. Ich bin aus vollster Überzeugung hinter Hitler hergelaufen, doch Gott schlug mir alles aus der Hand. Ich war im Gefängnis, und in jenem Lager las ein Kamerad jeden Tag mit mir die Bibel. Da gingen mir die Augen auf.«

Dann sprachen die anderen von ihren Schwierigkeiten. Ein Mädchen klagte: »Ich habe einen so schwachen Glauben. Ich besitze zwar den guten Willen, aber mein Glaube schwankt hin und her. Jetzt, wo Sie mir soviel erzählt haben, fühle ich mich sicher, aber morgen? Ich weiß nicht, ob ich dann noch Boden unter den Füßen habe.«

»Als ich noch Uhrmacherin war«, sagte ich, »bekamen wir manchmal neue Uhren in die Hände, die nicht richtig liefen. Diese reparierte ich aber nicht selbst, sondern gab sie dem Hersteller zurück. Wenn er sie dann in der Hand gehabt hatte, gingen sie einwandfrei. So mache ich es auch mit meinem Glauben. Jesus ist der Anfänger und Vollender unseres Glaubens. Habe ich Schwierigkeiten mit dem Glauben, gebe ich ihn dem himmlischen Hersteller zurück. Und wenn er die Dinge in die Hand nimmt, wenn er die Schäden repariert hat, ist alles in Ordnung!«

Laßt uns mehr und mehr auf Jesus schauen, nicht auf unseren Glauben. Laßt uns nicht auf die stürmischen Wellen um uns herum blicken, sondern mit ihm rechnen. Dann bringen wir es auch fertig, auf den Wellen zu gehen. Der Glaube ist solch ein fester Grund, daß er tatsächlich der sicherste Weg ist, den wir finden können, auch wenn wir wie Petrus auf dem Wasser dem Herrn entgegengehen.

Wie von selbst mündete unser Gespräch in eine Gebetsgemeinschaft ein. Auch der »Atheist« faltete seine Hände und schloß die Augen.

Aus der alten Truhe

»Doch der Pfad der Gerechten ist wie das Licht am Morgen; es wird immer heller bis zum vollen Tag« (Spr 4,18).

Mein Neffe Peter van Woerden und ich schrieben ein Buch über unsere Vorfahren. Das Material dazu stammte zum großen Teil aus Briefen und Dokumenten, die wir in einer alten Truhe fanden. Manches Interessante entdeckten wir dabei.

Hier möchte ich einen Brief wiedergeben, den ich 1916 an ein paar Freundinnen schrieb:

30. Januar 1916

Ihr Lieben,

vergangene Nacht hatte ich einen interessanten Traum. Bevor ich ihn wieder vergesse, möchte ich ihn Euch erzählen. Es war alles so aufregend. Das Lustige daran war, daß ich mir während des ganzen Traumes bewußt war, daß die Ereignisse, die ich vor mir sah, sich in Wirklichkeit viele, viele Jahre vor meiner Geburt abgespielt hatten. Es war zu der Zeit, als mein Urgroßvater Gerrit noch als Gärtner auf dem Gut Bronstede lebte. Vater hatte mir oft von dem Glauben, dem Mut und der Vaterlandsliebe dieses Mannes erzählt. Nun also der Traum:

Ich ging über eine holperige Kopfsteinpflasterstraße. So etwas Abenteuerliches hatte ich noch nie erlebt. Die Leute waren ganz anders angezogen, als ich es gewohnt war. Altmodische Kutschen fuhren an mir vorbei, ein langer Zug von offenen Wagen mit vielen Pferden davor. Mir wurde plötzlich klar, daß um diese Zeit die Prinzen von Oranien noch im Lande regierten.

Am Straßenrand erblickte ich auf einmal ein altes Wirtshaus und trat ein. Das Innere glich der Darstellung auf einem Gemälde von Franz Hals: Auf grobgeschnitzten Stühlen saßen dort Männer mit breitkrempigen Hüten und rauchten lange Pfeifen. Die Fenster besaßen nur winzige Scheiben. Doch die Vögel sangen draußen genau wie in unserer Zeit. Auch die Blumen und Bäume waren die gleichen.

Ich sagte nichts, aber die Leute schienen mich zu kennen, und der Wirt meinte: »Der Mann dort ist Herr ten Boom. Ich denke, du freust dich, ihn zu sehen.«

Mein Vorfahre begrüßte mich freundlich, schien aber nicht erstaunt zu sein, jemandem zu begegnen, der erst hundert Jahre später leben sollte. »Komm mit mir«, sagte er, »meine Frau wird dich auch gerne begrüßen wollen.«

Auf dem Weg zu seinem Haus sprachen wir nicht viel, aber beim Anblick der altmodischen Kutschen meinte ich: »Vielleicht könnte ich den Prinzen von Oranien besuchen. Er würde sich bestimmt freuen, jemand zu sehen, der erst viele Jahre später leben soll.«

»Das würde aber sehr viel Zeit in Anspruch nehmen«, wandte Großvater ein. »Der Prinz lebt im Haag. Wie willst du dorthin kommen?« Plötzlich wurde mir bewußt, daß es ja um diese Zeit weder eine Eisenbahn noch Autos gab. Ich würde Tage brauchen, bis ich dort war.

Unmittelbar darauf befanden wir uns in der Küche, wo Urgroßmutter das Mittagessen kochte. Dann setzten sich alle zum Essen an den Tisch. Ich saß neben dem Fenster. Ein Junge von etwa zehn Jahren nahm seine Mütze ab, und alle beteten still. Ob dieser Junge mein Großvater ist? überlegte ich mir.

Nach dem Essen nahm Urgroßvater die Bibel und las einen Abschnitt. »Kind«, sagte er, »wenn deine Zeit zu leben kommt, wird vieles anders sein, als du es hier siehst. Aber dieses Buch wird noch das gleiche sein. Wenn jemand es verändern will, dann mußt du wissen, daß das nicht recht ist. Das Wort Gottes bleibt für immer und ewig dasselbe.«

Er nahm meine Hand und führte mich in den Garten. Ich sah, wie er Samen in die Erde legte. »Aus diesem Samen werden Blumen entstehen, und bevor sie sterben, werden sie wieder Samen hervorbringen. So wird es weitergehen. Auch in deinen Tagen werden Blumen blühen, die aus diesen Samen stammen. So wird es auch mit den ten Booms sein. Du wirst viele Jahre nach meinem Tode leben.«

Und damit war mein Traum zu Ende. Ich war merkwürdig

bewegt. Ich freute mich über das, was ich von der Bibel geträumt hatte: »Himmel und Erde werden vergehen, aber meine Worte werden nicht vergehen.« Ich bezweifle nur, ob ich jemals Freude an einer neuen Übersetzung haben werde.
Gott segne Euch, Ihr Lieben!

Eure Corrie*

Wir sind umgeben von einer Wolke von Zeugen. Urgroßvater Gerrits Leben gehörte zu der Art, die erst später Frucht trägt. Sein Heim galt als ein Haus des Gebets. Dreißig Jahre nach seinem Tod erfuhr die Kirche in Heemstede eine Neubelebung durch den Dienst eines geistlichen Mannes: Pastor Nicolaas Beets. Gerrit ten Booms Gebete und Tränen waren nicht vergeblich gewesen. Die Lektionen, die uns die Geschichte erteilt, mahnen uns zur Geduld. Wie ein Holländer es einmal sagte: »Gottes Mühlen mahlen oft langsam, aber trefflich fein.«*

* Diese beiden Abschnitte sind teilweise bereits in »Vater ten Boom, ein Mann Gottes« veröffentlicht.

Ist die Taufe wichtig?

»Vor allem: lebt als Gemeinde so, wie es dem Evangelium Christi entspricht...« (Phil 1,27).

In Deutschland sprach ich einmal in einer Männergruppe von Lutheranern und Baptisten. Gottes Segen lag spürbar über dem Treffen, und ich hatte den Eindruck, daß wir alle zusammen auf den Heiligen Geist hörten, der uns belehrte.

Nach meiner Ansprache gab es zwei Zeugnisse. Der Herr wurde für seine großen Taten gepriesen. Dann wollte jemand wissen: »Wie sehen Sie die Taufe im Licht der Bibel?«

Ich empfand diese Frage als eine List des Teufels. Der Segen würde von uns weichen, wenn wir den Rest der Zeit damit zubrächten, einen dogmatischen Streit über die Taufe auszutragen. Ich betete um Weisheit. Ich bin so dankbar für die Aussage in Jakobus 1,5: »Fehlt es aber einem von euch an Weisheit, dann soll er sie von Gott erbitten; Gott wird sie ihm geben, denn er gibt allen gern und macht niemand einen Vorwurf.«

Ich antwortete: »Wir wollen jetzt die letzten Worte lesen, die Jesus auf dieser Erde gesprochen hat, und zwar aus dem Markusevangelium, Kapitel 16,15–18: ›Dann sagte er zu ihnen: Geht hinaus in die ganze Welt und verkündet das Evangelium allen Geschöpfen! Wer glaubt und sich taufen läßt, wird gerettet; wer aber nicht glaubt, wird verdammt werden. Und durch die, die zum Glauben gekommen sind, werden folgende Zeichen geschehen: In meinem Namen werden sie Dämonen austreiben; sie werden in neuen Sprachen reden; wenn sie Schlangen anfassen oder tödliches Gift trinken, wird es ihnen nicht schaden; und die Kranken, denen sie die Hände auflegen, werden gesund werden.‹

Hier finden wir drei wichtige Anweisungen Jesu: 1. Missionierung der ganzen Welt. 2. Taufe. 3. Die Gaben des Heiligen Geistes sollen zur Auswirkung kommen.

Wie sieht es mit dem ersten Punkt aus? Haben Sie alles getan, was Ihnen möglich war, um das Evangelium der ganzen Welt zu vermitteln – durch die Verkündigung der Botschaft, durch Beten und durch das Teilen mit anderen?

Und wie steht es mit der dritten Aussage Jesu über die Nachfolge bei uns? Werden Gefangene frei, weil wir dem Wort gehorsam sind, in seiner Kraft die Gebote des Herrn befolgen? Werden Kranke im Namen Jesu geheilt?

Wenn bei diesen beiden Anforderungen Jesu an unseren Glauben in unserem Leben noch Mangel herrscht, dann haben wir noch Unerledigtes vor uns. Sobald diese Dinge in Ordnung sind, kommen Sie wieder zu mir, und dann sage ich Ihnen, was ich über die Taufe denke.

Aber eins kann ich Ihnen jetzt schon sagen: Es ist bestimmt nicht Gottes Absicht gewesen, die Taufe zu einem Streitobjekt zu machen. Wir sollen seinen Geboten gehorchen, und wir dürfen uns an der Taufe freuen als an einem großen Vorrecht.«

Gott hatte mir die Weisheit gegeben, die ich brauchte. Wir verbrachten einen wunderschönen Abend miteinander und erzählten uns gegenseitig, welche Erfahrungen wir mit dem Herrn gemacht hatten.

Dürfen Frauen predigen?

So wurde Corrie ten Boom einst gefragt. Wir bringen hier einen Ausschnitt aus einem Interview.

Frage: Sind Ihnen jemals Leute begegnet, die nicht mochten, daß Frauen in der Öffentlichkeit reden?

Antwort: Nein, denn ich bin niemals irgendwo hingegangen, wo ich keine Erlaubnis dazu hatte.

Frage: Aber haben Sie nicht das Empfinden, dem Wort Gottes gegenüber ungehorsam zu sein? Paulus sagt in 1. Timotheus 2,11–12 und in 1. Korinther 14,34–35, daß Frauen in der Gemeinde schweigen sollen.

Antwort: Das stimmt zwar, aber wir müssen auch wissen, was diese Worte aussagen sollen und was nicht. Wir müssen ihre Bedeutung für unsere heutige Zeit herausfinden. Petrus griff bei der Ausgießung des Heiligen Geistes Worte des Propheten Joel auf und skizzierte damit eine zukünftige Zeit: »Ich werde von meinem Geist ausgießen über alles Fleisch [so spricht Gott]. Eure Söhne und eure Töchter werden Propheten sein . . .« (Apg 2,17). Was bedeutet nun »Prophetie«? In 1. Korinther 14,3 heißt es: »Wer aber prophetisch redet . . . baut auf, ermutigt, spendet Trost.«

Frage: Aber bezog Petrus diese Dinge nicht nur auf jenes erste Pfingstfest (s. Apg 2,16–21)?

Antwort: Teilweise erfüllte sich die Weissagung damals. Aber als er die Stelle noch weiter zitierte, sprach er von Dingen, die damals noch nicht geschahen. Blut, Feuer und Rauchwolken sind uns noch nicht erschienen (s. Apg 2,19), und die Sonne ist weder in Finsternis verwandelt worden noch der Mond in Blut (Apg 2,20). Aus anderen Schriftstellen wissen wir, daß diese Ereignisse eintreffen müssen, bevor Jesus als Herr wiederkommt (s. Mt 24,29; Offb 6,12). Wir leben in einer Zeit, in der die Erfüllung dieser Weissagungen begonnen hat, aber noch nicht zu ihrem Ende gekommen ist. In Apostelgeschichte 2,18 wird ebenfalls Joel zitiert: »Auf meine männlichen und weiblichen Sklaven [so heißt es dort wörtlich] will ich meinen Geist ausgießen, und sie werden Propheten sein.« Da gibt es keine rassischen oder sonstigen Unterschiede in diesem Vers. Die Kraft soll jedem zuteil werden, der sich Christus hingibt, ob Jude oder Heide, Mann oder Frau. Bei den hundertzwanzig Menschen, die zu Beginn jenes ersten Pfingstfestes zusammen waren, waren sicherlich auch Frauen. Sie alle wurden vom Heiligen Geist erfüllt, und alle redeten in Sprachen, die sie nicht gelernt hatten (s. Apg 1,13–15; 2,1–11).

In 1. Korinther 11,5 lesen wir, daß Frauen in der Gemeinde weissagten. Das wurde von Paulus nicht verboten, sondern nur in die rechten Bahnen geleitet – das Bedecken des Hauptes wurde verlangt. Aus diesem Vers geht auch hervor, daß Frauen in der Gemeinde beteten. In Apostelgeschichte 21,9 wird gesagt, daß die vier Töchter des Philippus weissagten. Die Betonung liegt nicht auf dem Weissagen, sondern darauf, daß es aus einer Familie gleich vier waren, die das taten. Das war das Ungewöhnliche!

Frage: Aber was ist dann mit 1. Korinther 14,34–35, wo eindeutig gesagt wird, daß die Frau in der Gemeinde schweigen soll?

Antwort: Ich glaube, daß diese Stelle im Licht der anderen Aussagen der Bibel zu diesem Thema verstanden werden muß und nicht im Gegensatz zu ihnen. Hier geht es um das Schweigen, solange ein anderer sprach (»Laß sie zu Hause ihre eigenen Männer fragen« – 1. Kor 14,35). Ich meine, daß Miriam, Deborah und Hanna, die auch Prophetinnen waren, gute Gesellschafterinnen für mich abgeben. Und Psalm 68,12 gibt mir im Grundtext für sie und für mich die Untermauerung und den Mut, mich daran zu halten: »Der Herr entsendet sein Wort; groß ist der Siegesbotinnen Schar.« Aber es gibt etwas, das weder Männer noch Frauen entbehren können: das Gesalbtsein durch den Heiligen Geist, der uns fähig macht, für Gott zu sprechen (s. Apg 2,18).

Gottes auserwähltes Volk

Vor dem Zweiten Weltkrieg arbeitete Corrie ten Boom an geistig Behinderten, um ihnen das Evangelium zu bringen. Später schrieb sie ein Büchlein über die Erfahrungen, die sie dort machte. Es trug den Titel »Verstand nicht unbedingt nötig«. Die folgenden Geschichten sind diesem Bändchen entnommen.

In den Augen der Welt ist es keine besonders wichtige Aufgabe, wenn man versucht, geistig Behinderte mit dem Evangelium zu erreichen. Eine prominente Persönlichkeit zu bekehren ist da schon eine andere Sache. Was bedeutet denn schon die Rettung eines solchen beschränkten Menschen, der nachher keine Mission gründen, keine Kollekte organisieren, keine Bücher schreiben und all das nicht tun kann, was glänzend begabte Christen fertigbringen! – Ob im Himmel wohl die gleichen Maßstäbe gelten? Ich glaube kaum.

Ich denke, daß die Freude der Engel Gottes genauso groß ist, wenn einer dieser Ärmsten zum Herrn findet, wie wenn eine unter Menschen bekannte und bedeutende Persönlichkeit ihr Herz und Leben Jesus übergibt. Vielleicht ist die Freude sogar noch größer; der Himmel ist etwas anderes als die Erde! Man kann ja nie wissen . . .

Ich hatte mit unseren Jungen über das Gebet gesprochen. Jake, ein Landstreicher, begleitete mich nach Hause. Meine Freunde sagten mir öfter: »Du hast tatsächlich einen würdigen Umgang!« Zuerst erzählte er mir, wie er »ins Geschäft« gekommen war. Er hatte die Tür seines Zimmers ausgehängt und sie in kleine Stücke für Feuerholz zerhackt. Dann hatte er das Holz verkauft, indem er von Haustür zu Haustür gegangen war. Das war in Holland während des Krieges ein lukratives Geschäft. Und gekostet hatte es Jake gar nichts. Als Gewinn aber war genug herausgekommen, so daß er für Wochen mit Geld versorgt war. Es war nicht leicht, Jake davon zu überzeugen, daß sein Tun Diebstahl war.

»Jake, weißt du, was Beten ist?« fragte ich.

Zuerst schwieg er.

»Meinen Sie etwa das ...« Jake zögerte ein wenig. »Oft fühle ich etwas, das ich nicht wegschieben kann.«

»Genau das ist es, Jake! Beten bedeutet, Jesus zu bitten, das wegzuschieben, was du selbst nicht wegkriegst. Jesus kann alles, und er liebt dich so sehr, daß er gerne alle schlechten Dinge aus deinem Leben entfernen möchte.«

Am nächsten Tag hatte ich etwas, das ich »nicht wegschieben« konnte. Ich war niedergeschlagen, und der Geist der Sorge erfüllte mein Herz. Da fiel mir auf einmal die Unterhaltung mit Jake ein, und ich bat: »Herr Jesus, willst du bitte meine Sorge wegschieben?« Und er tat es!

Anton war mongoloid. Er konnte weder sprechen noch alleine gehen. Er war nur ganz kurze Zeit in meiner Gruppe. Wenn ich biblische Geschichten erzählte, hörte er mir zu, aber wenn ich für sein Empfinden allzu lange sprach, begann er zu gähnen. Kurzum, ich wußte nicht, wieviel Anton wirklich verstand.

Einmal nahm ich seine Hand, berührte nacheinander seine fünf Finger und sagte: »Jesus liebt dich so sehr, Anton.« Als Anton mich in der folgenden Woche sah, nahm er meine Hand, spreizte seine Finger nach allen Seiten und schaute mich mit sehnsüchtigem Gesicht an. »Jesus liebt Anton so sehr«, wiederholte ich und berührte bei jedem Wort einen seiner Finger. Dann lehrte ich ihn, es auch selbst so zu machen.

Danach zeigte Anton mir jede Woche mit seinen Fingern, wie sehr Jesus ihn liebte. Das letzte Mal, als ich ihn sah, sagte ich, während er mit der rechten Hand die Finger seiner linken Hand berührte: »Jesus liebt Anton so sehr. Wie dankbar bin ich dafür! Du auch, Anton?«

»Ja«, sagte Anton und dabei leuchtete sein Gesicht auf. Es war das einzige Wort, das ich je von Anton zu hören bekam. Und es ist das bedeutsamste Wort, das ein Mensch dem Herrn Jesus gegenüber aussprechen kann.

Ein Weihnachtswunsch

». . . Ich bin gekommen, damit sie das Leben haben und es in Fülle haben« (Joh 10,10).

Was ich Ihnen zu Weihnachten wünsche? Daß Sie die Freude der Hirten haben möchten (s. Lk 2,15–20)!

Die Hirten erzählten allen, die ihnen begegneten, was geschehen war. Sie wußten ja so viel mehr als die anderen Leute in Bethlehem. Sie hatten die Botschaft der Engel gehört, die der Herr ihnen hatte sagen lassen. Sie hatten das neugeborene Kind gesehen. Sie waren Maria und Joseph begegnet. Was machten sie nun? Sie sagten es überall weiter.

Wissen wir mehr als diejenigen, für die Weihnachten nur »Süßer die Glocken nie klingen« und »Heiliger Nikolaus« bedeutet oder deren Festvorbereitungen sich darauf beschränken, rechtzeitig für Umsatz zu sorgen und Geschenke einzupacken? Sie versuchen jedes Jahr ihre Pflicht zu tun, wie sie das immer getan haben. Sie fürchten sich vor dem Gerede der anderen, wenn sie es nicht so machen.

Weihnachten feiern sollte keine lästige Pflichtübung sein. Das Kommen Jesu war ein freiwilliges Geschenk an uns alle. Das einzige, was wir darauf erwidern können, ist, uns auf die Begegnung mit ihm einzustellen.

Weihnachten ist das Fest der Erinnerung an sein Kommen als Kind. Laßt uns bereit sein, dieses Fest recht zu feiern, so daß wir auch andere zu ihm hinführen können.

Welch eine Freude ist es doch, ihn, Jesus Christus, zu kennen, der in Bethlehem geboren wurde, am Kreuz für unsere Sünden starb, auferweckt wurde und bei uns ist bis zum Ende der Welt!

Laßt uns tun, was die Hirten taten, und es allen erzählen, die uns zuhören wollen.

Wahlmöglichkeiten

»Er wird euch auch festigen bis ans Ende, so daß ihr schuldlos dasteht am Tag Jesu, unseres Herrn« (1 Kor 1,8).

Vor vierzehn Jahren war ich in Vietnam. Ich litt mit den Menschen, die sich mit anderen im Kriegszustand befanden. Ich erinnere mich, daß ich so weit wie möglich durch den Dschungel und die Reisfelder zu den Frontlinien vorzudringen versuchte. Ich wollte mit den jungen amerikanischen G. I.-Männern sprechen. In meinen Augen waren sie noch Jungen. Sie hatten ein hartes Leben. Tag für Tag verbrachten sie im Dschungel. Sie litten und ließen andere leiden.

Rund um uns hörten wir Bombeneinschläge und das Geknatter der Maschinengewehre. Die Soldaten waren dankbar, ja beinahe glücklich wegen des Besuches einer alten Frau, die aus einem Land zu ihnen gekommen war, in dem Frieden herrschte. Und nun befand ich mich mit ihnen auf dem Schlachtfeld. Selten sahen sie Frauen hier und wenn, dann höchstens Prostituierte. Sie taten mir so leid!

Zuerst erzählte ich ihnen alle englischen Scherze, die mir nur in den Sinn kamen. Dann sagte ich: »So, Jungens, und jetzt werde ich kein Blatt mehr vor den Mund nehmen (ich versuchte ein paar Slang-Ausdrücke zu benutzen, die ich von Studenten gelernt hatte). Es gibt zwei Möglichkeiten: Entweder kommt ihr hier lebendig wieder heraus, oder ihr fallt im Kampf. Laßt uns einen Augenblick darüber nachdenken, was es bedeutet, wenn das Letztere eintritt. Seid ihr bereit, einem gerechten Gott zu begegnen, oder seid ihr es nicht? Kommt zu Jesus! Er will und kann euch für diese Begegnung vorbereiten.«

Eine alte Dame teilte mir später mit, daß ihr Sohn ihr von Vietnam geschrieben hätte: »Jetzt weiß ich, was es heißt, Jesus Christus als meinen Erlöser anzunehmen. Ich habe es getan, und welcher Friede ist nun in meinem Herzen!« Drei Wochen später fiel er in einem Gefecht.

Wann kommt Jesus wieder?

»Ich bin überzeugt, daß die Leiden der gegenwärtigen Zeit nichts bedeuten im Vergleich zu der Herrlichkeit, die an uns offenbar werden soll« (Röm 8,18).

In diesen Tagen wachsender Unsicherheit in der Welt gibt uns der Herr immer mehr offene Türen. Die Bibel erzählt uns viel von dem, was uns bevorsteht. Wir Christen sind die einzigen, die etwas über die Zukunft wissen, weil wir den kennen, in dessen Händen die Zukunft liegt.

Können wir damit rechnen, daß Jesus bald wiederkommt? Ich denke schon, und ich schaue voller Erwartung danach aus. Welch eine Freude wird das sein, wenn er das erfüllt, was er uns in Offenbarung 21,5 versprochen hat: »Ich mache alle Dinge neu!«

Ob Gottes Kinder durch die »große Trübsal« hindurch müssen? Viele erwarten, daß die Christen von der Erde weggenommen werden, bevor diese schlimme Zeit kommt. Doch schon jetzt ist ein schrecklicher Kampf im Gange zwischen den Mächten des Lichts und dem Reich der Finsternis. Steht nicht jeder einzelne Christ mehr oder weniger an der Frontlinie? Doch wir wissen: Die mit uns sind, sind viel stärker und zahlreicher, als die gegen uns sind.

Wie gut, daß Jesus gesagt hat: »In der Welt seid ihr in Bedrängnis; aber habt Mut: Ich habe die Welt besiegt!« (Joh 16,33). Und wenn die Lage um uns immer schlimmer wird und unsere Herzen schwach zu werden drohen vor Angst, heißt das nicht, daß dann die Zeit da ist, von der geschrieben steht: »... dann richtet euch auf und erhebt eure Häupter; denn eure Erlösung ist nahe« (Lk 21,28).

Die Welt braucht starke und vertrauensvolle Christen, vor allem in Zeiten der Bedrängnis. Sie braucht Christen, die die Wirklichkeit des göttlichen Planes und des Sieges Jesu sehen. »Ohne prophetische Offenbarung verwildert das Volk ...« (Spr 29,18).

Für jeden Menschen ist es persönlich von großer Wichtigkeit, ob der Herr Jesus unser Richter oder unser Retter ist. Warten Sie nicht damit, ihn anzunehmen. Tun Sie es jetzt! Eines Tages wird es zu spät sein.

Ich weiß nicht, wann Jesus wiederkommt. Ich weiß die Stunde und den Tag nicht, aber ich weiß, daß er kommt und daß es weder Tag noch Stunde gibt, wo das nicht geschehen könnte.

»Und jetzt . . .bleibt in ihm, damit wir, wenn er erscheint, die Zuversicht haben und bei seinem Kommen nicht zu unserer Schande von ihm gerichtet werden« (1 Joh 2,28).

Wenn wir beten, betreten wir das Innere des »Armeehauptquartiers« Gottes. Durch Jesus haben wir die Erlaubnis dazu – er ist der Weg. Unsere Unfähigkeit begegnet Gottes Möglichkeiten, und dann geschehen Wunder.

Gott sieht uns wie durch ein riesiges Teleskop und ebenso wie durch ein Mikroskop von unendlicher Stärke. Die ganze Welt hält er in Händen, und die Haare auf unserem Haupt sind gezählt. Was die Flügel für den Vogel und die Segel für ein Schiff, das bedeutet das Gebet für die Seele.

Petrus sagte: »Nein, Herr!« Aber er mußte lernen, daß man dem Herrn gegenüber nicht nein sagen kann und daß man Jesus nicht mit »Herr« anreden kann, solange man nein sagt.

Machen Sie sich keine Sorge über das, was Sie in der Bibel *nicht* verstehen. Kümmern Sie sich aber um das, was Sie verstehen, jedoch noch nicht in Ihr Leben umgesetzt haben.

Wie werde ich mit Schwierigkeiten fertig? Nun, zuerst versuche ich daran vorbeizukommen. Wenn das nichts nützt, versuche ich darüberzuklettern. Wenn auch das nicht gelingt, krieche ich darunter durch. Ist selbst das unmöglich, dann gehe ich stracks darauf zu – Gott und ich!

Nur auf der Erde gibt es Menschen, die nicht an Gott glauben. Und wenn auch die Mächte des Bösen sie in die Irre führen und in Dunkelheit und Unglauben stecken lassen, so glauben sie doch selbst fest an Gott und zittern vor ihm, weil sie wissen, daß am Tag des Herrn das Gericht auf sie wartet. Wir werden immer mehr erkennen, daß wir nicht um unserer Fähigkeiten willen keiten willen erwählt sind, sondern weil Gottes Macht an unserer Unfähigkeit demonstriert werden soll.

Kämpfen Sie nicht darum, der harten Hand zu entkommen. Gott faßt uns hart an, um uns schön und vollkommen zu gestalten.

Von Jesus lesen wir: »Die Soldaten flochten einen Kranz aus Dornen; den setzten sie ihm auf ...« (Joh 19,2). »Ich hielt meinen Rücken denen hin, die mich schlugen, und ... mein Gesicht verbarg ich nicht vor Schmähungen und Speichel« (Jes 50,6). Er hatte die Macht, sich selbst zu helfen, aber er tat es niemals.

Ich schaute auf Jesus, und die Taube des Friedens flog in mein Herz. Ich schaute auf die Taube des Friedens, und siehe da, sie flog davon!

Erwarten Sie Widerstand, aber beten Sie um Wunder!

Ein Mensch kann in den Himmel kommen

- ohne Gesundheit
- ohne Reichtum
- ohne Ruhm
- ohne eine große Persönlichkeit zu sein
- ohne Bildung
- ohne Verdienst
- ohne Kultur
- ohne Schönheit
- ohne Freunde
- ohne Tausende von anderen Dingen
- aber niemals ohne Christus!

Wo Glaube ist, ist Liebe,
wo Liebe ist, ist Friede,
wo Friede ist, ist Segen,
wo Segen ist, ist Gott,
wo Gott ist, gibt es keine Wünsche mehr.

Gott schenkt Vergebung für das, was wir getan haben, aber wir brauchen auch Befreiung von dem, was wir sind.

Jesus sagte nicht: »Ihr werdet nicht in Versuchung geraten, und ihr werdet nicht leiden müssen«, sondern »Nichts soll euch überwinden!«

Wir werden nicht belohnt werden für das, was wir geleistet haben, sondern nur für unsere Treue.

Gott schreibt mit einer Feder, die niemals kleckst, er spricht mit einer Zunge, die sich niemals verspricht, und er wirkt mit einer Hand, die nie versagt.

Wenig ist viel, wenn Gott darin ist. Der ausgefüllteste Tag eines Menschen ist nicht soviel wert wie eine Minute Gottes.

Jesu unbegrenzte Möglichkeiten begegnen unseren endlosen Bedürfnissen.

Eine Vision ohne Aufgabe schafft einen Träumer, eine Aufgabe mit einer Vision schafft einen Missionar.

Lassen Sie Gottes Verheißungen auf Ihre Probleme scheinen. Zu haben, was wir uns wünschen, bedeutet Reichtum, aber ohne das zurechtkommen zu können bedeutet Macht.

Der Glaube führt uns auf Höhenwege, auf denen unserem Verstand schwindelig wird.

Die Sorge ist wie ein Schaukelstuhl; sie hält uns in Bewegung, bringt uns aber keinen Schritt weiter.

Niemand kann Gott vertrauen, der ihm nicht gehorcht. Gehorsam ist die Wurzel des Vertrauens. Für Jesus war das Leben ein frågloses Vertrauen, weil sein Gehorsam fraglos war.

Wenn Versuchung an meine Türe klopft, bitte ich Jesus, die Tür zu öffnen. Das ist eine sehr sichere Sache. Um von der Bibel am meisten zu profitieren, muß man sie mit offenen Ohren lesen. Haben Sie Gemeinschaft mit anderen Christen! Eine Mauer mit lockeren Ziegeln hält nicht. Es gehört Mörtel in die Fugen.

Wenn Gott Sie gerufen hat, dann vergeuden Sie keine Zeit mehr damit, zurückzuschauen, wer sonst noch folgt.

»Ich vertraue darauf, daß er, der bei euch das gute Werk begonnen hat, es auch vollenden wird bis zum Tag Jesu Christi« (Phil 1,6).

Es mag wohl wahr sein, was der Spötter sagt, nämlich daß der Teufel tot ist und verschwunden. Doch hellhörige Leute möchten gern wissen, wer sein Geschäft denn nun eigentlich weiterbetreibt.

»Denn da er selbst in Versuchung geführt wurde und gelitten hat, kann er denen helfen, die in Versuchung geführt werden« (Hebr 2,18).

»Viel lieber also will ich mich meiner Schwachheit rühmen, damit die Kraft Christi auf mich herabkommt« (2 Kor 12,9).

Wenn Sie eine gewisse Zeit zur Verfügung haben, verbringen Sie einen Teil davon auf den Knien.

Martin Luther sagte: »Das Gesetz ist die Nadel, die den Faden der Gnade durchzieht.«

Herr Jesus, bestätige den Wunsch meines Herzens, für dich zu arbeiten, zu reden und zu denken. Laß *mich* nur still das heilige Feuer bewachen und still deine Gabe in mir zur Auswirkung kommen lassen.

Wenn Gottes Hand auf Ihnen liegt, laufen Sie noch viel schneller, als Sie eigentlich können.

Dieses Leben ist nur die erste Seite des Buches, nicht die letzte. Wir sind Botschafter für Christus. Was ist ein Botschafter? Ein Botschafter wird von der Regierung einer Nation als offizieller Geschäftsträger ausgesandt, um sie in einem anderen Land zu vertreten. Seine Autorität wird nicht an seinen persönlichen Fähigkeiten gemessen, sondern er steht in direktem Verhältnis zur Autorität der Regierung, die er vertritt.

»Erbarmen, Friede und Liebe seien mit euch in Fülle (Jud 2).

Schuld heilt nicht; ihr Sinn besteht nur darin, uns näher zu dem hinzuführen, der der Heiland ist.

Suchen Sie die Bibel durch nach Verheißungen für Tage der Verfolgung und der Bedrängnis. Lernen Sie diese Verheißungen auswendig.

Jesus hat eine Botschaft für Sie und für mich: Die Verheißungen der Bibel bilden unseren Etat. Die Schecks und Wechsel sind zahlbar durch Jesus Christus und können im Glauben beansprucht werden. Darin besteht unser Sieg, unser Glaube.

Gott weckt niemals Zweifel und Angst, sondern Glauben und Mut. »Denn Gott hat uns nicht einen Geist der Verzagtheit gegeben, sondern den Geist der Kraft und der Liebe und der Besonnenheit« (2 Tim 1,7).

Mit Gott über die Nöte anderer Menschen zu sprechen ist wohl der größte Dienst, den wir einem anderen tun können. Der nächstgrößte ist, im Namen Jesu zu Menschen zu sprechen. Beides ist durch seine Gnade möglich.

»...er hat uns aus Liebe im voraus dazu bestimmt, seine

Söhne zu werden durch Jesus Christus und nach seinem gnädigen Willen zu ihm zu gelangen, zum Lob seiner herrlichen Gnade. Er hat sie uns geschenkt in seinem geliebten Sohn« (Eph 1,5–6).

Glänzende geistige Gaben sind unfruchtbar, solange sie nicht mit der Hingabe gekoppelt sind.

Jemand sagte zu mir: »Wenn ich mir Sorgen mache, stelle ich mich vor den Spiegel und sage zu mir selbst: ›Für dieses schwerwiegende Problem, das mich belastet, gibt es keine Lösung. Vor allem für Jesus ist es viel zu schwierig, als daß er damit fertig werden könnte.‹ Wenn ich das gesagt habe, beginne ich zu lächeln und schäme mich.«

»In deiner Hand liegt mein Geschick . . .« (Ps 31,16).

Die Botschaft von Jesus weiterzusagen ist das größte Werk auf der ganzen Welt. Es ehrt Christus am meisten, ist das erfreulichste Tun für einen Christen und hat die wohltätigste Wirkung auf diejenigen, die davon getroffen und überzeugt werden.

Gehorsam heißt nicht weniger tun, als von uns verlangt wird. Vertrauen heißt nicht mehr tun, als von uns verlangt wird. Sorge bedeutete einen Kreislauf nutzloser Gedanken, die sich um einen Kern von Furcht drehen.

Wenn die Liebe klein wird, werden die Fehler groß.

». . . macht euch nicht im voraus Sorgen, was ihr sagen sollt; sondern was euch in jener Stunde eingegeben wird, das sagt! Denn nicht ihr werdet dann reden, sondern der Heilige Geist« (Mk 13,11).

»Ich habe viele Dinge in meinen Händen gehalten, und ich habe sie alle verloren; aber was ich in Gottes Hände gab, das besitze ich noch« (nach Martin Luther).

Glaube ist nicht bloß ein »Fürwahrhalten«, Glaube ist die lebendige Beziehung zu einer Person. Wenn ich mich einem Stuhl anvertraue, dann ist es nicht die Kraft meiner Hingabe an den Stuhl, die mich aufrecht hält, sondern der Stuhl selbst.

Eine Besucherin in einem Hospital sah, wie eine Krankenschwester die Wunden eines Leprakranken versorgte. »Das würde ich für keine Million Dollar tun«, sagte sie. »Ich auch nicht«, antwortete die Krankenschwester, »aber für Jesus tue ich es umsonst.«

Wenn man die Liebe aller Eltern auf der ganzen Welt zusammennähme und die Summe endlos vervielfachte, wäre das doch noch nicht genug, um Gottes Liebe zu mir zum Ausdruck zu bringen, der ich das geringste unter seinen Kindern bin (s. Eph 3,14–19).

Das Schönste an einer Freundschaft ist nicht die ausgestreckte Hand, auch nicht das freundliche Lächeln oder die Freude der Gemeinschaft; es ist das geistige Feuer, das im Herzen entzündet wird, wenn man entdeckt, daß ein anderer an einen glaubt und bereit ist, einem mit seiner Freundschaft zu vertrauen.

Wie Sie Christus empfangen haben, so leben Sie auch in ihm – in einfachem Glauben (s. Kol 2,6).

Lassen Sie die Heilige Schrift reden. Paulus bezog sich auf die Schrift, auch wenn seine Zuhörer nicht daran glaubten.

Loben erhebt den Blick vom Schlachtfeld zum Sieger empor. Christus ist schon Sieger in Ihrem Herzen, damit Sie an seinem Sieg in Ihrem Leben teilhaben können.

Wenn Sie anderen dienen wollen, müssen Sie bereit sein, sich von anderen dienen zu lassen, das heißt, von anderen ermahnt und korrigiert zu werden.

Unsere Hauptaufgabe beim Zeugnisablegen für Jesus besteht in der Verkündigung und nicht in der Verteidigung.

Das Sorgen befreit den nächsten Tag nicht von neuer Sorge, es entleert nur das Heute von Kraft. Die Sorgen lassen uns dem Bösen nicht entfliehen. Sie machen uns unfähig, dem Bösen zu begegnen, wenn es kommt. Sorge ist das Interesse, das man an Schwierigkeiten zeigt, bevor sie da sind.

Es gibt einen Hunger in unseren Herzen, den nur Jesus stillen kann. Fühlen Sie sich einsam, hungrig? Haben Sie Probleme, die Ihnen unlösbar erscheinen? Fühlen Sie sich gejagt und sehen keinen Ausweg? Dann kommen Sie zu ihm!

»Die größte Sünde für einen Sünder ist, wenn er Jesus ablehnt. Die größte Sünde für einen Christen ist, wenn er die Fülle des Heiligen Geistes ablehnt« (Charles Finney).

Ein von Christus losgelöster reifer Christ ist weniger fruchtbar für Gott als ein mit Christus verbundener »Säugling« im Glauben.

Ist das Gebet für Sie Steuerrad oder Ersatzreifen im Fahrzeug Ihres Lebens?

Es gibt keinen einzigen rechten Weg, etwas Unrechtes zu tun.

»Was kostet es, Christ zu sein?« fragte jemand Henry Drummond. Seine Antwort lautete: »Der Eintritt ist umsonst, aber der Jahresbeitrag kostet alles, was Ihnen gehört und zur Verfügung steht.«

»Das Wort Gottes in der eigenen Sprache zu besitzen vermittelt Sicherheit, es im eigenen Herzen zu haben schenkt Frieden« (Rachel Saint).

Der Maßstab für ein Leben ist nicht seine Länge, sondern daß es ein Geschenk ist.

Quälen Sie sich nicht damit ab, Gott Instruktionen zu erteilen; erstatten Sie ihm nur Bericht über das, was er Ihnen aufgetragen hat.

Wie ein Kamel vor seinem Herrn kniet, um am Abend seiner Last entledigt zu werden, so knien auch Sie am Ende eines jeden Tages vor dem Herrn nieder und lassen ihn Ihre Bürde wegnehmen.

Ein Mann, der Gott alles hingibt, wird niemals etwas verlieren.

Das Gesundheitsministerium eines Landes tut sein Äußerstes, um die Bevölkerung vor Infektionen und Bazillen zu schützen. Was tun wir, um uns und andere gegen moralische Krankheitserreger und Seuchen zu schützen?

Je tiefgründiger unsere Botschaft wird, desto mehr dehnt Gott unseren Wirkungsbereich aus.

Ein Heim ist wie ein Sonnensystem: Das Zentrum, die große Sonne, hält das System zusammen. Machen Sie Jesus zu Ihrem Zentrum!

Wenn Menschen hören, redet Gott,
wenn Menschen gehorchen, handelt Gott.
Wenn Menschen beten, ermächtigt Gott.

Gott gibt die Kraft zum Märtyrertum niemals im voraus.

Unreife ist eine Gefahr.

»Wer als Verleumder umhergeht, gibt Geheimnisse preis. Der Verläßliche behält eine Sache für sich« (Spr 11,13).

Auflehnung gegen den Heiligen Geist schafft ein Vakuum, das der Teufel eiligst füllen will.

Nähren Sie Ihren Glauben, lassen Sie den Zweifel *verhungern.*

Geben Sie sich selbst, Ihre Fähigkeiten, Ihr Geld in Gottes Verfügungsgewalt. Er kann ja soviel mehr damit anfangen als Sie!

Gott entfaltet geistliche Kraft in unserem Leben durch den Druck schwieriger Situationen.

Wenn Gott der zweite in Ihrem Leben ist, bekommen Sie auch nur das Zweitbeste von allem. Wenn er wirklich der erste ist, werden Sie sein Bestes empfangen.

Die Übergabe seines Lebens an den Herrn ist nicht ein schreckliches Opfer, eine furchtbare Qual, sondern es ist das Klügste und Vernünftigste, das man überhaupt tun kann.

Fürchten Sie sich niemals, eine unbekannte Zukunft einem bekannten Gott anzuvertrauen.

Schau um dich, und dich bedrückt die Not um dich herum,
schau in dich, und du empfindest Niedergeschlagenheit,
schau auf Jesus, und du kommst zur Ruhe.

Wir besitzen eine himmlische Artillerie, die den Feind zum Schweigen bringt und ihm den Schaden zufügt, den er uns beibringen wollte.

»Der Gott des Friedens heilige euch ganz und bewahre euren Geist, eure Seele und euren Leib unversehrt, damit ihr ohne Tadel seid, wenn Jesus Christus, unser Herr, kommt« (1 Thes 5,23).

»Leide mit mir als guter Soldat Christi Jesu ... Und wer an einem Wettkampf teilnimmt, erhält den Siegeskranz nur, wenn er nach den Regeln kämpft« (2 Tim 2,3.5).

»Dem einen Gott aber, der die Macht hat, euch vor jedem Fehltritt zu bewahren und euch untadelig und voll Freude vor seine Herrlichkeit treten zu lassen, ihm, der uns durch Jesus Christus, unseren Herrn, rettet, gebührt die Herrlichkeit, Hoheit, Macht und Gewalt vor aller Zeit und jetzt und für alle Zeiten. Amen« (Jud 24).

»Hat der Herr an Brandopfern und Schlachtopfern das gleiche Gefallen wie am Gehorsam gegenüber der Stimme des Herrn? Wahrhaftig, Gehorsam ist besser als Opfer . . .« (1 Sam 15,22).

Hänssler-Bücher . . .
Zielbewußt im Durcheinander unserer Zeit!

Corrie ten Boom
Eine Landstreicherin findet ein Zuhause
TELOS-Taschenbuch, 64 S., Nr. 75024

Die »Weltreisende Gottes« berichtet, wie sie nach Jahrzehnten des Reisens zu Hause Nachbarin, Gastgeberin, Gemeindeglied und Seelsorgerin sein kann. Sie regt damit zu einem bewußt gestalteten Leben an.

J. A. Ader-Appels
Wir waren im Widerstand
EDITION C-Paperback, 260 S., Nr. 56503

»Haus der Mäuse« nannte man das Pfarrhaus an der niederländisch-deutschen Grenze, in dem Pfarrer Ader Flüchtlinge vor dem Zugriff der NS-Schergen rettete. Darunter war auch Johanna Dobschiner.

Margarete Kühnapfel
Auch in der Hölle bist du da
EDITION C-Taschenbuch, 168 S., Nr. 55088

Über »Not und Gnade meiner Russenjahre« berichtet die ostpreußische Pfarrfrau der bekennenden Kirche. Gottes Gnade und das Licht seines Wortes trugen sie durch schwere Zeiten hindurch.

Ethel Waters
Sperling in Gottes Hand
EDITION C-Taschenbuch, 160 S., Nr. 55084

Eigentlich hatte die farbige Sängerin Ethel Waters keine Chance, weil sie aus dem Ghetto kam. Doch der Weg aus den Slums gelang. Nach einer bewußten Hinwendung zum Glauben stellte sie ihr Gesangstalent in den Dienst weltweiter Verkündigung.

Bitte fragen Sie in Ihrer Buchhandlung nach diesen Büchern!
Oder schreiben Sie an den Hänssler-Verlag, Postfach 1220,
D-7303 Neuhausen-Stuttgart.